あるもので！10分で！500品

決定版！

倉橋利江

その日の気分で即決！
味つけで選んで、すぐ完成！

誰が作ってもおいしい。
いつ作ってもかんたん。
こだわり抜いた500のレシピ

「今日なに作ろう?」
こう迷ったら、この本のページをパラパラとめくってみてください。

世のレシピ本には「鶏もも肉」「豚こま切れ肉」「豚ひき肉」など
食材別に掲載されているものが多いですが、
この本は「塩炒め」「甘辛炒め」「カレー炒め」「ポン酢炒め」「コチュジャン炒め」など、
味つけ別にレシピをご紹介しています。

しかも、ただの味つけではありません。

手間を最大限に省くには?
誰が作ってもおいしくなるには?
万能調味料を最大限に活用するには?

あれこれと試行錯誤した末、
ねぎ塩、オイスターマヨネーズ、バターポン酢、中華クリーム……
食材を最高においしくする、黄金の味つけがたくさん生まれました。
その日の気分に合う、「今日食べたい!」味がすぐに見つかるはずです。

せっかく味が決まっても、「手間が多い」「食材が多い」では作る気になれません。
だから家にあるいつもの食材だけで、
だいたい10分で作れるようにこだわっています。
食べたいものが決まったら、もう完成したも同然です!

倉橋利江

この本でご紹介するレシピは…

主菜はもちろん、副菜や汁ものまで お好きな調理法で献立も自由自在!

10分で! **炒めもの**

100品!

思い立ったらすぐできる!

肉や魚などのメイン食材に、冷蔵庫にある野菜を1〜2品プラス。フライパンでパパッと炒めれば、オールインワンのボリュームあるひと皿が完成!

10分で! **たれ&ソース**

100品!

混ぜるだけ!極うまたれ&ソース

メイン食材は焼く、ゆでる、レンチンのかんたん調理。そこに混ぜるだけでできちゃう絶品のたれ&ソースをかければごちそうに変身!

10分で! **さっと煮**

100品!

煮ものってこんなにかんたんなの!?

その名の通り、鍋に材料を入れてさっと煮込めばできあがり。和風だけでなく、クリーム煮や辛うま煮、コンソメ煮など多彩な味つけの煮ものがおいしい!

10分で! **あえもの・サラダ・汁もの**

150品!

これなら同時に作れちゃう

スピード調理を極めた小さなおかずと汁もの。マンネリになりがちな副菜だからこそ、味つけでちょっとした変化を楽しみましょう。

…その他、主食やおつまみ、おやつなど全部で**500品**!

ほぼ10分で仕上げる！
スピード調理の極意

スピード調理に必要な3つの極意をご紹介します。これさえ押さえれば、食事作りがグッとラクになります。

極意 1 火の通りやすい食材を選ぶ

素早く火が通るこま切れ肉や切り落とし肉、ひき肉は時短調理の強い味方。筋切りなどの下処理なしでそのまま使えるのもポイントです。

もやしやきのこ類、青菜など、さっと加熱しただけで火が通る食材のほか、生でも食べられるキャベツやトマトなどの野菜を使います。

極意 2 切り方をひと工夫する

厚みのある肉や魚を使う場合はそぎ切りにしたり、包丁で表面に切り込みを入れたりすると、火の通りや味のしみ込みがグンと早くなります。

歯ごたえのある野菜は切り方をひと工夫。じゃがいもは細切りに、ごぼうは斜め薄切りに、にんじんはピーラーで薄切りにします。

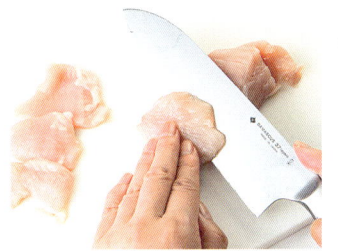

極意 3 調理器具を使いこなす

野菜は耐熱皿に並べてふんわりとラップをかけて電子レンジへ。お湯を沸かすよりもかんたんで、火を使いたくないときにおすすめです。

フライパンに少量の水と塩、油を一緒に入れて野菜を蒸し焼きにするのもおすすめ。鍋にお湯を沸かしてゆでるよりもラクで手早く均一に火が通ります。

あると絶対助かる！

何を作るか決まっていないときはこれを買えばOK！
どれも汎用性が高く、時短調理を助けてくれる食材です。

迷ったら買いたい食材

お手軽で使いやすい！たんぱく源

切り落とし肉

いろいろな部位が入っているので味わいがよく、値段もお手頃。

ひき肉

ぽろぽろに炒めたり、肉団子にしたり調理法で変化を出せます。

切り身魚

レンチンやフライパン調理ですぐに火が通るのがうれしい。

卵

汁ものにも炒めものにも使えて、固ゆですればサラダやソースにも。

厚揚げ

口当たりがよく、味しみも抜群で炒めものや煮ものに◎。肉の代わりにも。

冷蔵庫のスタメン！いつもの野菜と薬味野菜

いつもの野菜

トマト、ミニトマト、キャベツ、青菜、ピーマン、パプリカ、なす、ブロッコリー、にんじん、大根など。日持ちして、生のままや、さっと火を通すだけで食べられる野菜は毎日活躍します。

薬味野菜

しょうが、にんにく、青じそなど。炒める、煮る、あえる……、あらゆる調理に使えて、ほんの少し入れるだけで味が決まります。

どんな味つけもおまかせ！

聞きなれない調味料をあれこれ買う必要は一切なし！
いつもの調味料だけですべてのレシピが作れます。

常備したい調味料

まずはこれを用意

基本調味料
砂糖・塩・酢・しょうゆ・みそ
酒・みりん
こしょう・はちみつ

＋

油
サラダ油
ごま油
オリーブオイル

＋

粉類
薄力粉・片栗粉

おすすめ万能調味料

和

ポン酢しょうゆ
塩麹
白だし

めんつゆ、ゆずこしょう、わさび、辛子など
も便利です。

洋

顆粒コンソメ
スープの素

マヨネーズ
ウスターソース
トマトケチャップ

粒マスタード、レモン汁などもおすすめ。お
好みで用意して。

その他

鶏ガラスープの素

オイスターソース
コチュジャン
カレー粉

焼き肉のたれ、豆板醤、ラー油などもあれ
ば味のバリエーションが広がります。

調味料代わりに使えるおすすめの万能食材

乳製品

溶けるチーズ、
粉チーズ、バタ
ー、牛乳、生ク
リームなど

肉加工品

ベーコン、生ハム、
コンビーフなど

魚介加工品

明太子、たらこ、
しらす、アンチョ
ビ、ツナ、かに
風味かまぼこ、
ちくわなど

乾物

かつお節、すりごま、
いりごま、塩昆布、
桜えびなど

漬物

梅干し、高菜漬け、
ザーサイ、白菜キ
ムチなど

CONTENTS

PART 1

10分で**炒めもの**100品！

※★印がついているレシピは、文字だけで材料と作り方をご紹介しています。

COLUMN*01 **のっけ＆ぶっかけごはん**

COLUMN*02　火を使わないおつまみ

PART 2

10分でたれ＆ソース100品！

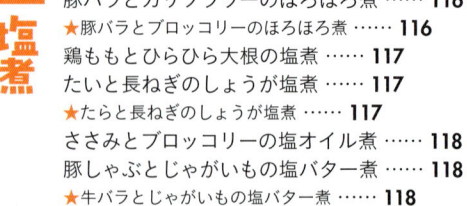

PART 3　10分でさっと煮100品！

COLUMN*08　かんたんおやつ

この本の使い方

お好みの調理法×味つけで選べる！
この本は、お好みの調理法×味つけでレシピが探せるように構成されています。たくさんレシピをご紹介しているので、家にあるもので作れるおかずがすぐ見つかります。

だいたい10分ですぐ作れる！
すべてのレシピに、調理にかかる時間の目安を表示。下準備にかかる時間、冷ます時間などは含まれない場合もあります。

家にある材料で自在にアレンジ
写真入りでご紹介しているレシピとほぼ同じ作り方で材料をチェンジするアレンジ例をご紹介しています。

調理のポイントを解説
おいしく作るコツや、手早く作るコツなど、知っておきたい調理のポイントをご紹介しています。

この本の決まりごと

＊分量は基本、2〜3人分です。多めに作って保存できるおかずは作りやすい分量にしています。

＊大さじ1は15mℓ、小さじ1は5mℓ、1カップは200mℓです。いずれもすり切りで量ります。「ひとつまみ」は親指、人さし指、中指の3本でつまんだ分量で小さじ1/6〜1/5程度、「少々」は親指、人さし指の2本でつまんだ分量で小さじ1/6未満です。

＊特に記載がない場合、しょうゆは濃口しょうゆ、塩は天然塩、砂糖は上白糖、みそは信州みそ、みりんは本みりん、オリーブオイルはエクストラバージンオイル、バターは有塩バター、生クリームは乳脂肪分40%以上のもの、めんつゆは3倍濃縮タイプ、白だしは10倍濃縮タイプを使用しています。

＊はちみつは、1歳未満の乳児が食べた場合、乳児ボツリヌス症にかかる場合があるので与えないでください。

＊だし汁は昆布、かつお節、煮干しなどでとったものです。市販のインスタントだしを表示に従って溶かしたものやだしパックでも代用できます。

＊特に記載がない場合、野菜は、洗う、皮をむく、へたや種を取り除くなどの下処理をすませた後の手順を説明しています。

＊特に記載がない場合、塩ゆでする、水にさらす、冷水にとるなどの工程に使用する水や塩は分量外です。

＊フライパンはフッ素樹脂加工のものを使用しています。

＊電子レンジは600Wで設定しています。500Wの場合は1.2倍、700Wの場合は0.8倍に換算して加熱してください。

＊オーブントースターは1000Wのものを使用しています。

＊電子レンジ、オーブントースターは機種によって加熱具合が異なりますので、様子をみながら調理してください。

＊火加減で特に記載がない場合は中火ですが、様子をみながら調整してください。

＊作りおきの保存期間はあくまでも目安です。表示の日数以内でもなるべく早めに食べきるようにしてください。料理を保存する際はしっかり冷まし、乾いた箸やスプーンなどを使って、清潔な保存袋または保存容器に入れてください。

＊作り方に「お好みで」と表記しているものは、完成の料理写真では入れていますが、材料欄には記載していません。

PART 1

10分で 炒めもの100品！

気取らないボリュームおかずといえば、断然炒めもの♡
食べたい味つけが決まったら、冷蔵庫にある食材を
組み合わせてフライパンでどんどん炒めてください。
白いごはんに合う至福の時間が待っています。

塩炒め

食材のうまみを引き立てるなら断然、塩炒め！さっぱり味はもちろん、チーズやバター、ごま油とも相性抜群！絶妙な味つけは毎日食べても飽きがこないのでおすすめです。

8分でできる

キャベツが無限に食べられちゃう

豚バラとキャベツの うま塩炒め

材料（2人分）

豚バラ薄切り肉 … 200g
キャベツ … ⅙個
玉ねぎ … ½個
にんにく（みじん切り）… ½かけ
ごま油 … 大さじ1
こしょう … 少々
A｜酒 … 大さじ1
　｜鶏ガラスープの素 … 小さじ½
　｜塩、砂糖 … 各小さじ¼

作り方

1　キャベツは5cm四方に切る。玉ねぎは1cm幅のくし形切りにする。豚肉は5cm幅に切る。Aは混ぜ合わせておく。

2　フライパンにごま油を中火で熱し、1の豚肉を広げ入れ、軽くこしょうをふって焼き、全体にカリッとしてきたら一度取り出す。

3　2のフライパンの脂を少し捨て、にんにくを加えて弱めの中火で炒める。香りが出てきたら玉ねぎ、キャベツを順に加えて中火で炒め、全体に油がまわったら2の豚肉を戻し入れ、混ぜ合わせたAを加えて強火でさっと炒め合わせる。

これもおいしい　豚バラとチンゲン菜のうま塩炒め

「豚バラとキャベツのうま塩炒め」のキャベツ⅙個→チンゲン菜2株、玉ねぎ½個→にんじん¼本に替える。チンゲン菜はざく切りにし、にんじん¼本は細切りにし、同様に作る。

POINT
野菜に油がからんで
ツヤツヤになったら、
合わせ調味料を加え
て手早く炒める！シャ
キシャキ感のある絶
妙な仕上がりに！

POINT
長いもの皮むきは不要。焼き色がつくまで転がしながら焼くと皮もおいしく食べられます。

10分でできる

コクのあるリッチな味わい

鶏ももと長いもの塩チーズ炒め

材料（2〜3人分）

鶏もも肉 … 1枚（300g）
長いも … 9㎝（200g）
サラダ油 … 大さじ1
A　酒 … 大さじ1
　　塩 … 小さじ1/2
粉チーズ … 大さじ2
粗びき黒こしょう … 適量

作り方

1 長いもはよく洗い、皮つきのまま4〜5㎝長さに切り、縦6〜8等分に切る。鶏肉は余分な脂肪と筋を取り除き、2㎝角のひと口大に切る。

2 フライパンにサラダ油を中火で熱し、**1**の鶏肉を皮目から並べ入れ、3分ほど焼く。裏返して鶏肉の横に長いもを入れ、同時に全面に焼き色がつくまで転がしながら3分ほど焼く。

3 **2**にAを加えて全体に炒め合わせ、仕上げに粉チーズ大さじ1を加えてさっとからめる。器に盛り、残りの粉チーズ、粗びき黒こしょうをかける。

これもおいしい  **鮭と長いもの塩チーズ炒め**

「鶏ももと長いもの塩チーズ炒め」の鶏もも肉1枚（300g）→生鮭3切れに替える。鮭は水けをふいて骨を取り除き、同様にひと口大に切り、軽く塩、こしょうをふって作る。

POINT
豆腐は手で大きめにちぎったほうが水きりがスムーズで味なじみもよくなります。

10分でできる

ごはんが進む！人気食堂の味

ウインナーとピーマンの豆腐チャンプルー

材料（2人分）

木綿豆腐 … 1丁（350g）
ピーマン … 3個
ウインナーソーセージ … 4本
薄力粉 … 大さじ1
サラダ油 … 大さじ1
A 鶏ガラスープの素、ごま油 … 各小さじ1
塩、こしょう … 各適量
かつお節 … 小1パック（2g）

作り方

1 豆腐は手で大きめのひと口大にちぎり、キッチンペーパーに断面を下に向けてのせ、5分おく。水けをおさえ、薄力粉をまぶす。ピーマンは縦半分に切り、横1cm幅に切る。ウインナーは斜め3〜4等分に切る。

2 フライパンにサラダ油を中火で熱し、**1**の豆腐を入れ、水分をとばしながらまわりにカリッと焼き色がつくまで炒め、一度取り出す。

3 **2**のフライパンにウインナー、ピーマンを入れて1〜2分炒め、油がまわったら、**2**の豆腐を戻し入れる。Aを加えて炒め合わせ、塩、こしょうで味をととのえる。器に盛り、かつお節をかける。

これもおいしい **ベーコンと小ねぎの豆腐チャンプルー**

「ウインナーとピーマンの豆腐チャンプルー」のウインナー4本→スライスベーコン3枚、ピーマン3個→小ねぎ½把に替える。ベーコンは3cm幅に切り、小ねぎは4〜5cm長さに切り、同様に作る。

6分でできる

晩酌のビールにも白ワインにもぴったり

ほたてとアスパラの塩バター炒め

材料（2人分）

ほたて（刺身用）
　… 8～10個
　（100～120g）
アスパラガス
　… 2～3本
薄力粉 … 大さじ1
オリーブオイル
　… 大さじ½
バター … 10g
塩、こしょう … 各適量
レモン（くし形切り）
　… 1切れ

作り方

1 アスパラガスは根元のかたい皮をピーラーでむき、4cm長さに切る。ほたては水けをふき、薄力粉をまぶす。

2 フライパンにオリーブオイルを中火で熱し、1のアスパラガスを入れ、塩、こしょうをして1～2分炒める。

3 バターを加えて溶かし、アスパラガスの横にほたてを入れ、全体に焼き色がつくまで両面を焼き、さっと炒め合わせる。器に盛り、レモンを添える。

ごはんにのせてボリューム丼に！

鶏むねと白菜の中華炒め

10分でできる

材料（2人分）

鶏むね肉 … 1枚(300g)
白菜 … ⅛株(400g)
にんじん … ⅓本
A｜塩 … 小さじ¼
　｜こしょう … 少々
　｜酒 … 大さじ1と½
　｜薄力粉 … 大さじ1
ごま油 … 大さじ1と½
酒 … 大さじ1
B｜鶏ガラスープの素
　｜　… 小さじ2
　｜しょうが（すりおろし）
　｜　… 1かけ
　｜しょうゆ … 小さじ½
水溶き片栗粉
　｜片栗粉 … 大さじ½
　｜水 … 大さじ1

作り方

1 白菜の葉はざく切りにし、軸はそぎ切りにする。にんじんは4cm長さの短冊切りにする。鶏肉はフォークで全体を刺してから1cm厚さのそぎ切りにし、Aを順にもみ込む。

2 フライパンにごま油を中火で熱し、1の鶏肉を並べ入れ、3～4分焼く。焼き色がついたら白菜の軸、にんじん、白菜の葉を順にのせ、酒をふり入れ、2分ほど蒸し焼きにする。

3 ふたを取り、野菜がしんなりしてきたらBを順に加えてからめ、水溶き片栗粉を加えて混ぜながらとろみがつくまで炒める。

10分でできる

豚肉はカリッと香ばしく仕上げて
豚しゃぶのねぎ塩炒め

材料（2人分）

豚バラしゃぶしゃぶ用肉 … 200g
長ねぎ … 2/3本
塩 … 小さじ1/2
ごま油 … 大さじ1
いりごま(白) … 大さじ1/2

作り方

1 長ねぎは5mm厚さの斜め薄切りにし、塩をまぶして5分おき、ごま油大さじ1/2を混ぜておく。

2 豚肉は6cm幅に切る。

3 フライパンに残りのごま油を中火で熱し、2を広げて入れ、両面が少しカリッとするまで焼く。余分な脂をふき取り、1を加えてさっと炒め合わせる。器に盛り、いりごまをかける。

POINT

長ねぎを加えたら、さっとあえるようなイメージで炒めて。長ねぎのフレッシュなおいしさが味わえます。

日持ちするストック食材だけで完成！
細切りじゃがいものコンビーフ塩炒め

8分でできる

材料（2人分）

コンビーフ缶 … 1個(80g)
じゃがいも … 2個
にんにく(粗みじん切り) … 1/2かけ
オリーブオイル … 大さじ1
塩、こしょう … 各適量

作り方

1 じゃがいもは5mm幅で4〜5cm長さの細切りにし、さっと洗って水けをきる。コンビーフはほぐしておく。

2 フライパンにオリーブオイル、にんにくを入れて弱めの中火にかけ、香りが出たら1のじゃがいもを入れ、3〜4分炒める。

3 2にコンビーフを加えて炒め合わせ、塩、こしょうで味をととのえる。

しょうゆ炒め

どんな食材ともマッチしてごはんが進むしょうゆ炒め。梅干し、かつお節、にんにくなど、組み合わせる食材によって印象がガラリと変わるのも魅力です。

POINT
鶏肉はできるだけ肉の厚みを均一にして切り分けると火の通りが早くなります。

10分でできる

この甘じょっぱさ、たまらない！

鶏ももとしいたけの梅じょうゆ炒め

材料（2人分）

鶏もも肉 … 1枚(300g)
しいたけ … 4個
A｜塩、こしょう … 各少々
　｜薄力粉 … 大さじ1
サラダ油 … 小さじ2
B｜梅干し（種を取り除き、包丁でたたく）
　｜　　… 大1個
　｜みりん、酒 … 各大さじ1
　｜しょうゆ … 大さじ½

作り方

1 しいたけは石づきを取り、縦2〜3等分に切る。鶏肉は余分な脂肪と筋を取り、厚みをできるだけ平らにしてから2cm角のひと口大に切り、Aを順にもみ込む。Bは混ぜ合わせておく。

2 フライパンにサラダ油を中火で熱し、1の鶏肉を皮目から並べ入れ、3分ほど焼く。裏返して鶏肉の横にしいたけを入れ、同時に焼き色がつくまで2分ほど焼く。

3 2に混ぜ合わせたBを加えて炒め合わせ、ふたをして1分ほど蒸し焼きにする。

これもおいしい 鶏ももとエリンギの梅じょうゆ炒め

「鶏ももとしいたけの梅じょうゆ炒め」のしいたけ4個→エリンギ2本に替える。エリンギは乱切りにし、同様に作る。

**8分で
できる**

絶対やみつきになる組み合わせ

牛こまとミニトマトの
青じそじょうゆ炒め

材料（2人分）

牛こま切れ肉 … 200g
ミニトマト … 10個
青じそ（手で大きめにちぎる）
　… 8〜10枚
A　塩、こしょう … 各少々
　　酒、片栗粉
　　　… 各大さじ1
ごま油 … 大さじ1
酒 … 大さじ1
しょうゆ … 小さじ2

作り方

1 牛肉はAを順にもみ込む。

2 フライパンにごま油を中火で熱し、1の牛肉を2分ほど炒める。色が変わったら、ミニトマトを加えて2分ほど炒め、皮がはじけてきたらへらで少しつぶす。

3 2に酒、しょうゆを加え、全体にからめながら炒め合わせ、青じそを加えてさっと合わせる。

POINT
ミニトマトは少しつぶれるくらいまで火を通すと牛肉と絶妙にからんでおいしさアップ！

定期的に食べたくなります

豚肉と小松菜のおかかじょうゆ炒め

**7分で
できる**

材料（2人分）

豚ロースしゃぶしゃぶ用肉
　… 200g
小松菜 … ¾把(150g)
A　塩、こしょう … 各適量
　　薄力粉 … 大さじ1
ごま油 … 大さじ1
B　酒 … 大さじ1
　　しょうゆ
　　　… 大さじ1と½
　　砂糖 … 小さじ½
かつお節 … 1パック(4g)

作り方

1 小松菜は4〜5cm長さに切る。豚肉は5cm幅に切り、Aを順にもみ込む。Bは混ぜ合わせておく。

2 フライパンにごま油を中火で熱し、1の豚肉を2分ほど炒める。色が変わったら、小松菜の軸、葉の順に加えて炒める。

3 全体に油がまわったら混ぜ合わせたBを加えて炒め合わせ、かつお節2/3量を加えてさっとからめる。器に盛り、残りのかつお節をかける。

**10分で
できる**

今日のごはんに迷ったらこれでいいかも!

豚バラともやしの
にんにくじょうゆ炒め

材料（2人分）

豚バラ薄切り肉 … 200g
もやし … 1袋
にんにく（粗みじん切り）
　… 1かけ
サラダ油 … 大さじ1
A｜酒 … 大さじ1
　｜しょうゆ
　　… 大さじ1と½
塩、粗びき黒こしょう
　… 各適量

作り方

1 豚肉は4〜5cm幅に切る。
Aは混ぜ合わせておく。

2 フライパンにサラダ油、に
んにくを入れて弱めの中火
で熱し、香りが出たら**1**の
豚肉を広げ入れ、中火で2
分ほど炒める。肉の色が変
わったら、もやしを加えて1
分ほど炒める。

3 **2**に混ぜ合わせた**A**を加え、
火を強めて手早く炒め合わ
せ、塩、粗びき黒こしょう
で味をととのえる。

**8分で
できる**

1分炒めでぷりっとやわらか

いかと小ねぎのバターじょうゆ炒め

材料（2人分）

いか … 1〜2はい
（※1ぱいの大きさに
応じて数を調整する）
にんにく（粗みじん切り）
　… 1かけ
オリーブオイル
　… 大さじ½
バター … 10g
しょうゆ
　… 大さじ½
　〜小さじ2
小ねぎ（小口切り）
　… 4〜5本

作り方

1 いかは軟骨、内臓、目、くちば
しを取ってよく洗う。水けをふ
いて皮つきのまま胴は8mm幅
の輪切りにする。足は先端と
大きな吸盤を切り落として食
べやすい長さに切る。えんぺ
らも食べやすく切る。

2 フライパンにオリーブオイル、
バター、にんにくを入れて弱め
の中火にかけ、香りが出たら**1**
を加えて中火で1分ほど炒める。

3 いかの色が変わったらしょう
ゆで味をととのえ、小ねぎを
加えてさっと炒め合わせる。

これもおいしい えびと小ねぎのバターじょうゆ炒め

「いかと小ねぎのバターじょうゆ炒め」のいか1〜2はい→むき
えび200gに替える。えびは背わたがあれば取り、塩もみ（分量
外）して洗い、水けをふく。えびを2〜3分炒め、同様に作る。

ささみのなめらか食感に感動！

ささみと玉ねぎの
マヨしょうゆ炒め

材料（2人分）

鶏ささみ（筋なし）… 4本
玉ねぎ … ½個
A 塩、こしょう … 各少々
　　酒、薄力粉
　　　… 各大さじ1
サラダ油 … 大さじ1
B マヨネーズ
　　　… 大さじ2
　　酒、しょうゆ
　　　… 各大さじ1
　　砂糖 … 小さじ1

作り方

1 鶏ささみはひと口大のそぎ切りにし、**A**を順にもみ込む。玉ねぎは1cm幅のくし形切りにする。**B**は混ぜ合わせておく。

2 フライパンにサラダ油を中火で熱し、1の鶏ささみを2〜3分焼く。鶏ささみの横に玉ねぎを入れ、同時に2分ほど炒める。

3 肉に火が通り、玉ねぎがしんなりしてきたら、混ぜ合わせた**B**を加え、全体にからめながら炒め合わせる。

10分でできる

これもおいしい ささみとピーマンのマヨしょうゆ炒め

「ささみと玉ねぎのマヨしょうゆ炒め」の玉ねぎ½個→ピーマン2個に替える。ピーマンは乱切りにし、同様に作る。

8分でできる

しょうがのうまみが食欲をそそる！

たらとチンゲン菜のしょうがしょうゆ炒め

材料（2人分）

生たら … 2切れ
チンゲン菜 … 2株
塩、こしょう … 各少々
片栗粉 … 大さじ1
サラダ油 … 大さじ1
A みりん、しょうゆ… 各大さじ1
　　しょうが（すりおろし）… 1かけ

作り方

1 たらは骨を取り除いてひと口大に切り、酒大さじ1（分量外）をふって5分おく。水けをふいて塩、こしょうをふり、片栗粉をまぶす。チンゲン菜は軸と葉に切り分け、軸は縦4〜6つ割りにし、葉はざく切りにする。**A**は混ぜ合わせておく。

2 フライパンにサラダ油を中火で熱し、1のたらを並べ入れ、両面合わせて3分ほど焼き、一度取り出す。

3 2のフライパンにチンゲン菜の軸、葉の順に加えて炒め、全体に油がまわったら2のたらを戻し入れる。混ぜ合わせた**A**を加え、たらの身をできるだけくずさないように、全体にからめながらさっと炒め合わせる。

POINT
甘塩だらを使う場合、水けをふいたらこしょうだけをふり、片栗粉をまぶして後は同様に作ってください。

25

みそ炒め

みそはコクがあり、うまみたっぷりの発酵調味料。マヨネーズやチーズと合わせると、塩味がやわらいでマイルドに。みそ汁だけでなく、万能調味料としてぜひ使い倒してください。

POINT
豚肉はフライパンに肉をできるだけ広げるように入れて炒めます。ボリューム感が増して食べごたえ満点に。

8分でできる

疲れた日も帰ってすぐ作れるガッツリおかず

豚こまと赤パプリカのみそマヨ炒め

材料（2人分）

豚こま切れ肉 … 200g
パプリカ(赤) … 1個
A | 塩、こしょう … 各少々
　 | 酒 … 大さじ1
　 | 薄力粉 … 大さじ1
サラダ油 … 小さじ2
B | マヨネーズ … 大さじ2
　 | 酒、みそ … 各大さじ1
　 | 砂糖 … 小さじ½

作り方

1 パプリカは乱切りにする。豚肉は**A**を順にもみ込む。**B**は混ぜ合わせておく。

2 フライパンにサラダ油を中火で熱し、**1**の豚肉を広げ入れ、2分ほど炒める。全体に色が変わったら、パプリカを加えて2分ほど炒める。

3 **2**に混ぜ合わせた**B**を加え、全体にからめながら炒め合わせる。

これもおいしい 豚バラとキャベツのみそマヨ炒め

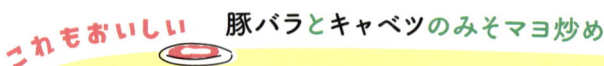

「豚こまと赤パプリカのみそマヨ炒め」の豚こま切れ肉200g→豚バラ薄切り肉200g、パプリカ(赤)1個→キャベツ¼個に替える。豚肉は4〜5cm幅に切り、キャベツはざく切りにし、同様に作る。

**9分で
できる**

これがおいしく作れたら無敵！

豚バラとなすの辛みそ炒め

材料（2人分）

豚バラ薄切り肉 … 200g
なす … 2本
ごま油 … 大さじ1
塩、こしょう … 各少々

A|砂糖 … 大さじ1
|みそ … 大さじ1と½
|酒 … 大さじ2
|豆板醤
|　… 小さじ½〜小さじ1
|にんにく（すりおろし）
|　… ½かけ

作り方

1 豚肉は5cm幅に切る。なすは長さを半分に切ってから縦4等分に切る。Aは混ぜ合わせておく。

2 フライパンにごま油を中火で熱し、1の豚肉を入れ、塩、こしょうをして全体がカリッとするまで焼き、一度取り出す。

3 2のフライパンになすを加え、肉の油を吸わせながら3分ほど炒める。2の豚肉を戻し入れ、混ぜ合わせたAを加え、全体にからめながら炒め合わせる。

**10分で
できる**

シンプルだけど、しみじみうまい！

鶏ももと玉ねぎのみそしょうが炒め

材料（2人分）

鶏もも肉 … 1枚(300g)
玉ねぎ … ½個
しょうが（せん切り）… 1かけ

A|塩、こしょう … 各少々
|酒 … 大さじ1
|薄力粉 … 大さじ1
ごま油 … 大さじ1

B|砂糖 … 大さじ½
|みそ … 大さじ1
|酒 … 大さじ2

作り方

1 玉ねぎは2cm四方に切る。鶏肉は余分な脂肪を取り除き、小さめのひと口大に切り、Aを順にもみ込む。Bは混ぜ合わせておく。

2 フライパンにごま油を中火で熱し、1の鶏肉を皮目から並べ入れ、3分ほど焼く。焼き色がついたら裏返し、鶏肉の横に玉ねぎ、しょうがを入れ、同時に2分ほど炒める。

3 2の玉ねぎが透き通ってきたら、混ぜ合わせたBを加え、全体にからめながら炒め合わせる。器に盛り、お好みで青じそのせん切りをちらす。

10分で
できる

かぶの甘さにほっこりしちゃう

鶏ひきとかぶのみそ炒め

材料（2人分）

鶏ひき肉 … 200g
かぶ … 2個
サラダ油 … 大さじ1
A みそ … 大さじ1と½
　 酒、みりん
　　 … 各大さじ1
　 片栗粉 … 小さじ½

作り方

1 かぶはよく洗って水けをふき、茎を1cmほど残して皮つきのまま6〜8等分のくし形切りにする。Aは混ぜ合わせておく。

2 フライパンにサラダ油を中火で熱し、1を並べ入れ、全体に焼き色がつくまで菜箸で押さえながら3〜4分焼く。

3 かぶを端に寄せ、ひき肉を加えてほぐしながら炒める。肉の色が変わったらAをもう一度混ぜ合わせてから加え、軽くとろみがつくまで炒め合わせる。

POINT

かぶは菜箸で押さえながら焼き色がつくまでじっくり焼くと甘みが増してホクホクに！

10分で
できる

いつもの鮭がボリュームアップ

鮭とキャベツのみそバター炒め

材料（2〜3人分）

生鮭 … 3切れ
キャベツ … ¼個
A 塩、こしょう … 各少々
　 薄力粉 … 大さじ1
サラダ油 … 大さじ1
酒 … 大さじ1
B みそ、みりん
　　 … 各大さじ1
バター … 10g

作り方

1 キャベツはざく切りにする。鮭は水けをふき、骨を取り除いてひと口大に切り、Aを順にまぶす。Bは混ぜ合わせておく。

2 フライパンにサラダ油を中火で熱し、1の鮭を2分ほど焼く。焼き色がついたら裏返し、鮭の横にキャベツを入れ、同時に1〜2分炒める。

3 キャベツが少ししんなりしてきたら酒をふり入れ、ふたをして1分ほど蒸し焼きにする。ふたを取り、混ぜ合わせたB、バターを加え、全体にからめながら炒め合わせる。

これもおいしい　かじきとキャベツのみそバター炒め

「鮭とキャベツのみそバター炒め」の生鮭3切れ→かじき3切れに替える。かじきはひと口大に切り、同様に作る。

10分でできる

クリームチーズ1個でお手軽に！

鶏むねとエリンギの みそクリーム炒め

材料（2人分）

鶏むね肉 … 1枚（300g）
エリンギ … 2本
A｜塩、こしょう … 各少々
　｜酒 … 大さじ1
　｜薄力粉 … 大さじ1
サラダ油 … 大さじ1
B｜クリームチーズ（個包装
　｜　タイプ・手でちぎる）
　｜　… 1個
　｜みそ … 大さじ1
　｜酒 … 大さじ1と½
　｜しょうゆ、砂糖
　｜　… 各小さじ1

作り方

1 エリンギは長さを半分に切ってから縦3〜4等分に切る。鶏肉は1cm厚さのそぎ切りにしてから細切りにし、Aを順にもみ込む。Bは混ぜ合わせておく。

2 フライパンにサラダ油を中火で熱し、1の鶏肉を2〜3分炒める。色が変わったら、エリンギを加えて1〜2分炒める。

3 2に混ぜ合わせたBを加え、全体にからめながら炒め合わせる。器に盛り、お好みで青のり粉をかける。

ジューシーでなめらかな厚揚げが最高！

厚揚げの麻婆豆腐風炒め

8分でできる

材料（2人分）

厚揚げ … 小2枚（300g）
豚ひき肉 … 150g
ごま油 … 大さじ1
A｜にんにく（みじん切り）
　｜　… 1かけ
　｜しょうが（みじん切り）
　｜　… 1かけ
　｜豆板醤 … 小さじ1
B｜みそ、酒 … 各大さじ1
　｜砂糖、鶏ガラスープの素
　｜　… 各小さじ1
　｜片栗粉 … 小さじ2
　｜水 … ¾カップ

作り方

1 厚揚げは2cm角に切る。Bは混ぜ合わせておく。

2 フライパンにごま油を中火で熱し、Aを炒める。香りが出たらひき肉を加えて炒め、肉の色が変わったら、厚揚げを加え、さらに2分炒める。

3 Bをもう一度混ぜ合わせてから2に加え、手早く混ぜてとろみをつける。器に盛り、お好みで小ねぎの小口切りをちらす。

これもおいしい  厚揚げの麻婆豆腐風丼

「厚揚げの麻婆豆腐風炒め」の豚ひき肉150g→合いびき肉150gに替える。同様に作り、ごはん丼2杯分にのせる。

甘辛炒め

みんなが好きな味ナンバーワンかも!?
晩ごはんはもちろん、お弁当のおかずとしても喜ばれます。
はちみつでコクを出したり唐辛子でピリ辛にしたり、アレンジを楽しんで。

POINT
ごぼうは斜め薄切りにして仕上げに蒸し焼きにすれば、短時間でも火が通ります。

10分でできる

ピリ辛チーズ味がクセになりそう!

豚ひきとごぼうの甘辛チーズ炒め

材料（2人分）

豚ひき肉 … 200g
ごぼう … 1本（180g）
赤唐辛子（小口切り） … 1本
オリーブオイル … 大さじ1
酒 … 大さじ1と½
A｜みりん、しょうゆ
　　… 各大さじ1と½
粉チーズ … 大さじ2

作り方

1 ごぼうはよく洗って皮を軽くこそげ、3〜4mm厚さの斜め薄切りにする。さっと洗って水けをふく。

2 フライパンにオリーブオイル、赤唐辛子を弱めの中火で熱し、香りが出たら、ひき肉を加えて粗くほぐしながら炒める。肉の色が変わってきたら、1のごぼうを加えて2〜3分炒める。

3 ごぼうが透き通ってきたら酒を加え、ふたをして1分蒸し焼きにする。Aを加えて汁けがなくなるまで炒める。器に盛り、粉チーズをかける。

これもおいしい　鶏ひきとれんこんの甘辛チーズ炒め

「豚ひきとごぼうの甘辛チーズ炒め」の豚ひき肉200g→鶏ひき肉200g、ごぼう1本（180g）→れんこん1節（180g）に替える。れんこんはピーラーで皮をむき、縦半分に切ってから3〜4mm厚さの半月切りにし、さっと洗って水けをふき、同様に作る。

12分でできる

やっぱり、みんなが好きな味
鶏ももと長ねぎの甘辛炒め

材料（2人分）

鶏もも肉 … 1枚（300g）
長ねぎ … ½本
サラダ油 … 大さじ1
塩、こしょう、薄力粉
 … 各適量
A｜みりん、しょうゆ
 … 各大さじ1と½
 砂糖 … 小さじ1

作り方

1 長ねぎは2cm長さに切り、楊枝で数か所刺しておく。鶏肉は余分な脂肪と筋を取り除き、ひと口大に切り、塩、こしょうをふって薄力粉をまぶす。Aは混ぜ合わせておく。

2 フライパンにサラダ油を中火で熱し、1の鶏肉を皮目から入れ、3分ほど焼く。焼き色がついたら裏返し、鶏肉の横に長ねぎを入れ、転がしながら同時に3分ほど焼く。

3 2に混ぜ合わせたAを加えて煮立て、全体にからめながら炒め合わせる。

POINT
長ねぎは楊枝で全体に数か所刺しておくと、火の通りが早くなり、とろっとやわらかに。

絶対にごはんを多めに炊いてください
豚バラとピーマンのスタミナ炒め

8分でできる

材料（2人分）

豚バラ薄切り肉 … 200g
ピーマン … 4個
サラダ油 … 大さじ1
塩、こしょう … 各少々
A｜みりん、しょうゆ
 … 各大さじ1と½
 はちみつ … 小さじ1
 にんにく（すりおろし）
 … ½かけ
 しょうが（すりおろし）
 … ½かけ
粗びき黒こしょう … 適量

作り方

1 豚肉は5cm幅に切る。ピーマンは乱切りにする。Aは混ぜ合わせておく。

2 フライパンにサラダ油を中火で熱し、1の豚肉を広げ入れ、塩、こしょうをして焼く。全体に色が変わったら、ピーマンを加えて2分ほど炒める。

3 全体に油がまわったら混ぜ合わせたAを加え、汁けをとばしながら炒め合わせる。器に盛り、粗びき黒こしょうをかける。

10分でできる

スピード炒めでシャキシャキ食感に

牛肉とれんこんのきんぴら風炒め

材料（2人分）

牛切り落とし肉 … 200g
れんこん … 1節(180g)
サラダ油 … 大さじ1
ごま油 … 小さじ1
酒 … 大さじ1と½
砂糖 … 大さじ1
しょうゆ … 大さじ1と½
七味唐辛子 … 適量

作り方

1 れんこんはピーラーで皮をむき、縦半分に切ってから3〜4mm厚さの半月切りにし、さっと洗って水けをふく。牛肉は大きければ4cm幅に切る。

2 フライパンにサラダ油を中火で熱し、1のれんこんを2分ほど炒める。透き通ってきたらごま油を足して牛肉を加えて炒める。

3 肉の色が変わったら酒を加え、ふたをして1分ほど蒸し焼きにする。砂糖、しょうゆを順に加えて混ぜ、汁けがなくなるまで炒める。器に盛り、七味唐辛子をかける。

POINT

多めに作りおいて常備菜にするのもおすすめ。日持ちは冷蔵庫で3〜4日保存可能です。

これ、お弁当に入れてほしい！

ぶりと赤パプリカの照り焼き炒め

10分でできる

材料（2〜3人分）

ぶり … 3切れ
パプリカ(赤) … 小1個
塩、こしょう、薄力粉
　… 各適量
サラダ油 … 大さじ1
酒 … 大さじ1
A｜砂糖、ごま油
　　… 各小さじ2
　しょうゆ
　　… 大さじ1と½
　にんにく(すりおろし)
　　… ½かけ

作り方

1 パプリカは2cm角に切る。ぶりは水けをふいて大きめのひと口大に切り、塩、こしょうをふり、薄力粉をまぶす。Aは混ぜ合わせておく。

2 フライパンにサラダ油を中火で熱し、1のぶりを2分ほど焼く。焼き色がついたら裏返し、ぶりの横にパプリカを入れ、同時に2分ほど炒める。

3 2に酒をふり入れ、ふたをして弱めの中火で1分蒸し焼きにする。ふたを取り、混ぜ合わせたAを加え、火を強めて煮からめる。

これもおいしい たらと赤パプリカの照り焼き炒め

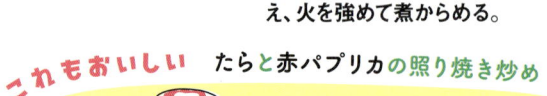

「ぶりと赤パプリカの照り焼き炒め」ぶり3切れ→生たら3切れに替える。生たらは水けをふいて骨を取り除き、同様に大きめのひと口大に切って塩、こしょうをふり、薄力粉をまぶして作る。

10分で
できる

冷めてもふっくら食感に感激！

鮭とエリンギの甘辛炒め

材料（2～3人分）

生鮭 … 3切れ
エリンギ … 2本
塩、こしょう … 各少々
薄力粉 … 大さじ1
サラダ油 … 大さじ1
酒 … 大さじ1
A しょうゆ
　　… 大さじ1と½
　みりん … 大さじ1
　砂糖 … 小さじ1

作り方

1 エリンギは1.5cm厚さの輪切りにする。鮭は水けをふいて骨を取り除き、ひと口大に切る。塩、こしょうをふり、薄力粉をまぶす。Aは混ぜ合わせておく。

2 フライパンにサラダ油を中火で熱し、1の鮭を2分ほど焼く。焼き色がついたら裏返し、鮭の横で同時にエリンギを2分ほど炒める。

3 2に酒をふり入れ、ふたをして弱めの中火で1分蒸し焼きにする。ふたを取り、混ぜ合わせたAを加え、火を強めて煮からめる。

POINT
塩鮭を使う場合は下味に塩をふらず、合わせ調味料のしょうゆの量を大さじ1に変更して作ってください。

8分で
できる

皮ごとおろしたしょうが入りで食欲をそそる！

豚こまと玉ねぎのしょうが焼き風炒め

材料（2人分）

豚こま切れ肉 … 200g
玉ねぎ … ½個
A 塩、こしょう … 各少々
　片栗粉 … 大さじ1
　ごま油 … 小さじ1
サラダ油 … 大さじ1
B みりん、しょうゆ
　　… 各大さじ1と½
　砂糖 … 小さじ1
　しょうが
　　（皮ごとすりおろし）
　　… 1かけ
マヨネーズ … 適量

作り方

1 ポリ袋に豚肉を入れ、Aを順にもみ込む。玉ねぎは1cm幅のくし形切りにする。Bは混ぜ合わせておく。

2 フライパンにサラダ油を中火で熱し、1の豚肉を炒める。肉の色が変わったら玉ねぎを加えて2分ほど炒める。

3 玉ねぎが透き通ってきたら混ぜ合わせたBを加え、全体にからめながら炒め合わせる。器に盛り、マヨネーズを添える。

これもおいしい 豚こまと小松菜のしょうが焼き風炒め

「豚こまと玉ねぎのしょうが焼き風炒め」の玉ねぎ½個→小松菜½把（100g）に替える。小松菜は4cm長さに切り、同様に作る。

かきを原材料にするオイスターソースは、料理の味をランクアップさせてくれる優秀な調味料。少しプラスするだけで、コクとうまみが一気に増します。

POINT
トマトはカドが少しくずれるくらいまで炒めて！そのほうが合わせ調味料とよくからみ、うまみがアップ！

10分でできる

目をつぶってうまみを噛みしめたい！

牛肉とトマトのオイスター炒め

材料（2人分）

牛切り落とし肉 … 200g
トマト … 2個
A | 塩 … 少々
　 | 酒、片栗粉 … 各小さじ1
B | 卵 … 2個
　 | 塩、こしょう … 各少々
ごま油 … 大さじ1
C | オイスターソース
　 | 　… 大さじ1と½
　 | 酒 … 大さじ1
　 | しょうゆ … 小さじ1
　 | こしょう … 少々

作り方

1 トマトは6〜8等分のくし形切りにする。牛肉は大きければ食べやすい大きさに切り、Aを順にもみ込む。Bは混ぜて卵を溶きほぐす。Cは混ぜ合わせておく。

2 フライパンにごま油大さじ1/2を中火で熱し、1の卵液を流し入れる。半熟状になったら大きくかき混ぜ、一度取り出す。

3 2のフライパンに残りのごま油を足して1の牛肉を入れて炒める。肉の色が変わったらトマトを加えて炒める。トマトのカドが少しくずれてきたら、混ぜ合わせたCを加えて全体にからめ、2の卵を戻し入れてさっと炒め合わせる。

これもおいしい **豚肉とトマトのオイスター炒め**

「牛肉とトマトのオイスター炒め」の牛切り落とし肉200g→豚切り落とし肉200gに替える。豚肉は大きければ5cm幅に切り、同様に作る。

とにかく合う！説明要らずの黄金コンビ

えびとブロッコリーのオイマヨ炒め

8分でできる

POINT
ブロッコリーは別ゆでせず、フライパンで蒸し焼きに。このほうが水っぽくならず、洗いものを減らせます。

材料（2人分）

むきえび … 200g
ブロッコリー … ½株
塩、こしょう … 各少々
薄力粉 … 大さじ1
サラダ油 … 大さじ1
A｜オイスターソース、
　｜マヨネーズ
　｜… 各大さじ1と½

作り方

1 ブロッコリーは小房に分ける。えびは背わたがあれば取り、塩もみ（分量外）して洗い、水けをふく。塩、こしょうをふり、薄力粉をまぶす。Aは混ぜ合わせておく。

2 フライパンに1のブロッコリー、塩、サラダ油各少々、水大さじ2（いずれも分量外）を入れる。弱めの中火でふたをし、2分蒸し焼きにして一度取り出す。

3 2のフライパンの水けをふいてサラダ油を中火で熱し、1のえびを加えて2〜3分炒める。2のブロッコリーを戻し入れ、混ぜ合わせたAを加えて炒め合わせる。

ポン酢のさっぱり感が後を引く！

豚ひきとにらのオイスターポン酢炒め

8分でできる

材料（2人分）

豚ひき肉 … 200g
にら … 1把
A｜塩 … 小さじ⅓
　｜こしょう … 少々
　｜片栗粉 … 小さじ2
サラダ油 … 大さじ1
酒 … 大さじ1
B｜オイスターソース、
　｜ポン酢しょうゆ
　｜… 各大さじ1
　｜砂糖 … 小さじ½

作り方

1 にらは5㎝長さに切る。ひき肉にAを順に加えて切るように混ぜ、8等分にして平たくまとめる。Bは混ぜ合わせておく。

2 フライパンにサラダ油を中火で熱し、1のひき肉を入れて焼く。焼き色がついたら裏返し、酒をふってふたをして2〜3分蒸し焼きにする。

3 2ににらを加えて肉だねをへらで少しくずしながらさっと炒め、混ぜ合わせたBを加えて炒め合わせる。

これもおいしい　**豚ひきと小ねぎのオイスターポン酢炒め**

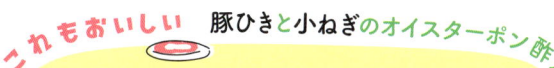

「豚ひきとにらのオイスターポン酢炒め」のにら1把→小ねぎ½把に替える。小ねぎは5㎝長さに切り、同様に作る。

レタス 1/2 個がペロリと食べられちゃう！

豚こまとレタスのオイスター炒め

材料（2人分）

豚こま切れ肉 … 200g
レタス … ½個
A｜塩、こしょう … 各少々
　｜酒 … 大さじ1
　｜片栗粉 … 大さじ1
ごま油 … 大さじ1
B｜オイスターソース
　｜　… 大さじ1と½
　｜酒 … 大さじ1
　｜にんにく（すりおろし）
　｜　… ½かけ

作り方

1 レタスは大きめのひと口大にちぎる。豚肉にAを順にもみ込む。Bは混ぜ合わせておく。

2 フライパンにごま油を中火で熱し、1の豚肉を広げ入れて炒める。肉の色が変わったら、レタスを加えて1分ほど炒め、混ぜ合わせたBを加えてさっと炒め合わせる。

これもおいしい 牛こまとレタスのオイスター炒め

「豚こまとレタスのオイスター炒め」の豚こま切れ肉200g→牛こま切れ肉200gに替え、同様に作る。

アボカドファンも納得のお味

かじきとアボカドのオイバター炒め

10分でできる

材料（2人分）

かじき … 3切れ
アボカド … 大1個(200g)
塩、こしょう … 各少々
サラダ油 … 大さじ1
バター … 10g
A｜オイスターソース
　｜　… 大さじ1と½
　｜酒 … 大さじ1

作り方

1 かじきは大きめのひと口大に切る。アボカドは縦半分に切ってから種と皮を取り、横1cm幅に切る。Aは混ぜ合わせておく。

2 フライパンにサラダ油を中火で熱し、1のかじきを入れ、塩、こしょうをして焼く。両面合わせて3〜4分焼いたら、アボカドを加えて1分ほど焼く。

3 フライパンの中央を開け、バター、混ぜ合わせたAを加え、煮立ってきたら全体に炒め合わせる。

10分で
できる

むね肉のおいしさが爆発！

鶏むねとピーマンのオイマヨ炒め

材料（2人分）

鶏むね肉 … 1枚（300g）
ピーマン … 3個
長ねぎ（粗みじん切り）
　　… ⅓本
A｜塩、こしょう … 各少々
　｜酒 … 大さじ1
　｜薄力粉 … 大さじ1
ごま油 … 大さじ1
酒 … 大さじ1
B｜オイスターソース、
　｜マヨネーズ
　｜… 各大さじ1と½

作り方

1 ピーマンは縦8〜10等分に切る。鶏肉は包丁で観音開きにし、フォークで全体を刺す。繊維を断つようにして1.5cm幅で5〜6cm長さの細切りにし、Aを順にもみ込む。Bは混ぜ合わせておく。

2 フライパンにごま油を中火で熱し、1の鶏肉を2〜3分炒める。全体に色が変わったら、ピーマン、長ねぎを加えて2分炒める。

3 全体に油がまわったら酒を加え、ふたをして1分ほど蒸し焼きにする。ふたを取り、混ぜ合わせたBを加えて炒め合わせる。

POINT

鶏むね肉は繊維を断つように細切りにすると加熱してもパサつかず、やわらかく仕上がります。

8分で
できる

どんなに疲れた日でも食べたくなる！

豚バラのオイスターキムチ炒め丼

材料（2人分）

豚バラ薄切り肉 … 200g
白菜キムチ … 150g
ごま油 … 大さじ1
塩、こしょう … 各少々
A｜オイスターソース
　｜… 大さじ½
　｜しょうゆ … 小さじ1
　｜〜大さじ½
温かいごはん … 丼2杯分
温泉卵 … 2個

作り方

1 豚肉は5cm幅に切る。白菜キムチは食べやすい大きさに切る。

2 フライパンにごま油を中火で熱し、豚肉に塩、こしょうをして炒める。肉の色が変わったら白菜キムチを漬け汁ごと加え、さらにAを加えて炒め合わせる。

3 器にごはんをよそい、2、温泉卵をのせる。

のっけ＆ぶっかけごはん

遅くなった日の晩ごはんやお酒を飲んだ後の〆にぴったりなのっけ＆ぶっかけごはん。
肉＆魚介加工品、卵、チーズなど、家にあるものですぐにできちゃいます。

10分でできる

市販のサラダチキンを使えばかんたん！

お手軽鶏飯

材料（2人分）

サラダチキン
　… 1パック(100g)
A　卵 … 2個
　　砂糖 … 小さじ1
しいたけ … 4個
サラダ油 … 大さじ1と½
めんつゆ(3倍濃縮)
　… 大さじ½
B　鶏ガラスープの素
　　　… 小さじ2
　　熱湯 … 2カップ
　　しょうゆ … 小さじ1
温かいごはん
　… 丼軽く2杯分

作り方

1 サラダチキンは手で細かくさく。しいたけは薄切りにする。AとBはそれぞれ混ぜ合わせておく。

2 フライパンにサラダ油大さじ1を中火で熱し、混ぜ合わせたAを流し入れる。箸で混ぜながら粗めの炒り卵になるまで炒めて取り出す。残りのサラダ油を足し、1のしいたけを1〜2分炒め、めんつゆを加えて調味する。

3 器にごはんをよそい、1のサラダチキン、2、お好みでかいわれ菜をのせ、混ぜ合わせたBをかける。

あっさりだけど栄養満点！

さば缶となすの冷や汁風

8分でできる

材料（2人分）

さば水煮缶 … 1缶(180g)
なす … 1個
みょうが … 2個
A　水 … 1と½カップ
　　みそ … 大さじ1と½
　　かつお節 … 1パック
　　梅干し(種を除いてたたく)
　　　… 1個
温かいごはん … 茶碗2杯分

作り方

1 なすは薄い輪切りにし、塩水(水1カップ、塩小さじ1)に5分ほどつけ、水けを絞る。みょうがは小口切りにする。

2 さば缶は身と汁に分け、身は粗めに食べやすい大きさにほぐす。缶汁はAと混ぜ、1のなすを加えておく。

3 器にごはんをよそい、さば缶の身、2の汁をかけ、みょうがをちらす。

これもおいしい **鮭缶ときゅうりの冷や汁風**

「さば缶となすの冷や汁風」のさば水煮缶1缶(180g)→鮭水煮缶1缶(180g)、なす1個→きゅうり½本に替える。きゅうりは薄い輪切りにし、塩少々をふってもみ、水けをしぼり、同様に作る。

3分でできる

ちょっとリッチな TKG！

生ハムと青じその卵がけごはん

材料 (2人分)

生ハム … 6枚
青じそ … 2〜3枚
卵 … 2個
しょうゆ … ふたまわし
温かいごはん … 茶碗2杯分

作り方

1 生ハムは半分に切る。青じそは手で細かくちぎる。卵は溶きほぐす。

2 器に温かいごはんをよそい、1の溶き卵を加えて混ぜる。

3 1の生ハム、青じそをランダムにのせ、しょうゆをたらす。

これもおいしい しらすと青じその卵がけごはん

「生ハムと青じその卵がけごはん」の生ハム6枚→しらす30gに替え、同様に作る。

熱々のごはんに混ぜて！

ねぎだくカマンベールチーズ丼

3分でできる

材料 (2人分)

カマンベールチーズ
　　(個包装タイプ) … 3個
かつお節
　　… 小1パック(2g)
小ねぎ(小口切り) … 3本
A めんつゆ (3倍濃縮)
　　… 大さじ1
　　塩、こしょう … 各少々
炊きたてのごはん
　　… 茶碗2杯分

作り方

1 ボウルに炊きたてのごはんをよそい、手で適当な大きさにちぎったカマンベールチーズ、かつお節、**A**、小ねぎを加えて混ぜる。

これもおいしい ねぎだくクリームチーズ丼

「ねぎだくカマンベールチーズ丼」のカマンベールチーズ (個包装タイプ) 3個→クリームチーズ (個包装タイプ) 3個に替え、同様に作る。

3分でできる

まぐろ丼のようなおいしさ！

つぶしアボカド丼

材料 (2人分)

アボカド　大1個(200g)
A しょうゆ … 小さじ2
　　酢、ごま油 … 各小さじ1
　　練りわさび (チューブ)
　　… 2cm
焼きのり(全形) … ½枚
温かいごはん … 茶碗2杯分

作り方

1 アボカドは種と皮を取り、ひと口大に切ってボウルに入れ、フォークで少しつぶす。

2 1に**A**を加えてあえる。

3 器にごはんをよそい、ちぎった焼きのりを敷き、2をのせる。

POINT
ネットに入っているオクラなら、そのまま塩をふりかけて両手でこすり洗いすればうぶ毛やトゲが取れます。

カレー炒め

バターやマヨネーズと合わせるとコク深くまろやかに、スパイスや黒こしょうと合わせるとピリッと本格派の味に。いつもの味がカレー粉ひとさじで大変身！

和風カレー味が白いごはんにぴったり！

豚肉とオクラのカレー炒め

（10分でできる）

材料（2人分）

豚しょうが焼き用肉 … 200g
オクラ … 10本
にんにく（みじん切り）… ½かけ
塩、こしょう … 各少々
薄力粉 … 大さじ1
サラダ油 … 大さじ1
A｜カレー粉 … 小さじ½
　｜塩 … 小さじ⅓
　｜しょうゆ、みりん … 各小さじ1
　｜酒 … 大さじ1
　｜こしょう … 少々

作り方

1 オクラはガクをぐるりとむいて塩小さじ1（分量外）をまぶし、両手でこすり合わせる。さっと洗って水けをきり、縦半分に切る。豚肉は2cm幅に切り、塩、こしょうをして薄力粉をまぶす。Aは混ぜ合わせておく。

2 フライパンにサラダ油、にんにくを入れて弱めの中火で熱し、香りが出たら1の豚肉を2〜3分焼く。焼き色がついたら裏返して、豚肉の横にオクラを入れ、同時に1〜2分炒める。

3 オクラに少し焼き色がついたら、混ぜ合わせたAを加えて手早く炒め合わせる。

これもおいしい　**牛肉とオクラのカレー炒め**

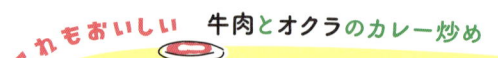

「豚肉とオクラのカレー炒め」の豚しょうが焼き用肉200g→牛切り落とし肉200gに替える。牛肉は大きければ4〜5cm幅に切り、同様に塩、こしょうをして薄力粉をまぶして作る。

11分で
できる

超かんたんなのに本格派の味
鶏ももとミニトマトの スパイシー炒め

材料（2人分）

鶏もも肉 … 1枚（300g）
ミニトマト … 10個
にんにく（粗みじん切り）
　… 1かけ
A｜塩、こしょう … 各少々
　｜酒 … 大さじ1
薄力粉 … 大さじ1
オリーブオイル … 大さじ1
B｜酒 … 大さじ1と½
　｜カレー粉 … 小さじ1
　｜ガラムマサラ（あれば）
　｜　… 小さじ⅙〜小さじ¼
　｜砂糖 … ふたつまみ
　｜塩、こしょう … 各少々

作り方

1　鶏肉はひと口大に切り、Aをもみ込み、薄力粉をまぶす。Bは混ぜ合わせておく。

2　フライパンにオリーブオイルを中火で熱し、鶏肉を皮目から入れて3分ほど焼く。裏返してさらに3分ほど焼き、一度取り出す。

3　2のフライパンににんにく、ミニトマトを加えて中火で炒め、トマトの皮がはじけてきたらへらで軽くつぶす。2の鶏肉を戻し入れ、混ぜ合わせたBを加えて炒め合わせる。

POINT
辛みと香りが楽しめるガラムマサラ。カレーなどの煮込み料理、チキンやポークソテーの風味づけなどに使えます。

じゃがいもは薄切りにすれば早く火が通る！
豚ひきと薄切りじゃがいものカレーソース炒め

8分で
できる

材料（2人分）

豚ひき肉 … 200g
じゃがいも … 2個
サラダ油 … 大さじ1
A｜酒 … 大さじ1と½
　｜ウスターソース
　｜　… 大さじ1
　｜カレー粉 … 小さじ1
　｜塩 … 小さじ¼
　｜こしょう … 少々

作り方

1　じゃがいもは3〜4mm厚さの半月切りにし、さっと水で洗って水けをきる。Aは混ぜ合わせておく。

2　フライパンにサラダ油を中火で熱し、ひき肉を炒める。肉の色が変わったら、じゃがいもを加えて2〜3分炒める。

3　じゃがいもが透き通ってきたら、混ぜ合わせたAを加えて炒め合わせる。

これもおいしい　ツナと薄切りじゃがいものカレーソース炒め

「豚ひきと薄切りじゃがいものカレーソース炒め」の豚ひき肉200g→ツナ油漬け缶小2缶（140g）に替える。じゃがいもを先に炒めてから、缶汁をきったツナ、Aを加えて炒める。

7分でできる

箸が止まらなくなるかも!

えびとマッシュルームのバターカレー炒め

材料（2人分）

むきえび … 200g
マッシュルーム（ブラウン）
　… 8個
サラダ油 … 大さじ1
バター … 10g
A　カレー粉 … 小さじ1
　　酒 … 大さじ1と½
　　塩 … 小さじ¼

作り方

1 マッシュルームは根元を少し切り、縦半分に切る。えびは背わたがあれば取り、塩もみ（分量外）して洗い、水けをふく。

2 フライパンにサラダ油を中火で熱し、**1**のえびを炒める。えびの色が変わったらマッシュルームを加えて2〜3分炒める。

3 バター、Aを加えて全体に炒め合わせる。器に盛り、お好みでパセリのみじん切りをちらす。

これもおいしい！ たことマッシュルームのバターカレー炒め

「えびとマッシュルームのバターカレー炒め」のむきえび200g→ゆでだこの足（刺身用）200gに替える。たこはひと口大の乱切りにし、マッシュルームを先に炒めてから、たこ、バター、Aを加えてさっと炒める。

しっとり！魅惑の味つけです

鶏むねとスナップえんどうのカレーマヨ炒め

材料（2人分）

鶏むね肉 … 1枚(300g)
スナップえんどう
　… 10〜12さや
A　塩、こしょう … 各少々
　　酒 … 大さじ1
薄力粉 … 大さじ1
サラダ油 … 大さじ1
酒 … 大さじ1
B　マヨネーズ
　　… 大さじ1と½
　　カレー粉 … 小さじ1
　　砂糖 … 小さじ¼
　　しょうゆ … 小さじ½

作り方

1 スナップえんどうはへたと筋を取る。鶏肉はフォークで全体を刺してから8㎜厚さのそぎ切りにし、Aを順にもみ込み、薄力粉をまぶす。Bは混ぜ合わせておく。

2 フライパンにサラダ油を中火で熱し、**1**の鶏肉を入れて両面合わせて4〜5分焼く。同時に鶏肉の横でスナップえんどうを2〜3分炒める。

3 酒をふり入れ、ふたをして1分蒸し焼きにする。混ぜ合わせたBを加え、全体にからめながら炒め合わせる。

10分でできる

POINT
パサつきがちで淡泊な鶏むね肉。マヨネーズを合わせ調味料に使うと加熱してもしっとり感をキープできます。

8分でできる

シンプルだけどあなどれないおいしさ！

牛こまと豆もやしの
カレーペッパー炒め

材料（2人分）

牛こま切れ肉 … 200g

豆もやし … ½袋

A　塩、こしょう … 各少々

　　酒 … 大さじ1

　　薄力粉 … 大さじ1

オリーブオイル … 大さじ1

B　酒 … 大さじ1と½

　　カレー粉、顆粒
　　　コンソメスープの素
　　　… 各小さじ1

　　粗びき黒こしょう
　　　… 少々

作り方

1 牛肉はAを順にもみ込む。Bは混ぜ合わせておく。

2 フライパンにオリーブオイルを中火で熱し、1を広げて炒める。肉の色が変わったら豆もやしを加えて1〜2分炒める。

3 2に混ぜ合わせたBを加えて全体に炒め合わせる。

8分でできる

懐かしくもやさしいカレー風味にハマる！

豚こまとねぎのカレーめんつゆ炒め

材料（2人分）

豚こま切れ肉 … 200g

長ねぎ … ½本

塩、こしょう … 各少々

薄力粉 … 大さじ1

サラダ油 … 大さじ1

A　カレー粉 … 小さじ1
　　めんつゆ（3倍濃縮）
　　　… 大さじ2

作り方

1 長ねぎは7〜8mm厚さの斜め切りにする。豚肉は塩、こしょうをして薄力粉をまぶす。Aは混ぜ合わせておく。

2 フライパンにサラダ油を中火で熱し、1の豚肉を炒める。肉の色が変わったら、長ねぎを加えて2〜3分炒める。

3 長ねぎが少ししんなりしてきたら、混ぜ合わせたAを加えて炒め合わせる。

ケチャップ炒め

お子さま人気がとにかく高いのがケチャップ味。ウスターソースやしょうゆ、酢、めんつゆなどをちょい足しすれば、大人も納得する大満足な味わいに。

POINT
合わせ調味料を加えたら火を少し強めて煮立ててから炒めます。こうするとうまみが凝縮されておいしさが倍増！

10分でできる

全世代が好きなケチャップ味！

鶏ももとピーマンのナポリタン風炒め

材料（2人分）

鶏もも肉 … 1枚(300g)
ピーマン … 2個
玉ねぎ … ½個
A｜塩、こしょう … 各少々
　｜酒 … 大さじ1
薄力粉 … 大さじ1
サラダ油 … 大さじ1
B｜トマトケチャップ … 大さじ5
　｜牛乳 … 大さじ2
　｜ウスターソース、しょうゆ
　｜　… 各小さじ2
粉チーズ … 大さじ2

作り方

1 ピーマンは8㎜幅の輪切りにし、玉ねぎは5㎜幅のくし形切りにする。鶏肉は余分な脂肪と筋を取り除き、ひと口大に切り、Aをもみ込んで薄力粉をまぶす。Bは混ぜ合わせておく。

2 フライパンにサラダ油を中火で熱し、1の鶏肉を3分ほど焼く。焼き色がついたら裏返し、鶏肉の横にピーマン、玉ねぎを入れ、同時に2～3分炒める。

3 全体に火が通ったらフライパンの中央を開け、混ぜ合わせたBを加えて少し火を強めて煮立て、全体にからめながら1～2分炒め合わせる。器に盛り、粉チーズをかける。

これもおいしい　鶏ももとピーマンのナポリタン丼

レタス2枚は太めのせん切りにする。「鶏ももとピーマンのナポリタン風炒め」を同様に作り、温かいごはん丼2杯分にレタスを敷いて具材をのせ、粉チーズをかける。

いつもの調味料だけでOK！

タコライス風炒め丼

材料（2人分）

合いびき肉 … 250g
玉ねぎ … ½個
にんにく（粗みじん切り）… ½かけ
サラダ油 … 小さじ2
A｜トマトケチャップ
　　… 大さじ2と½
　　酒 … 大さじ1と½
　　カレー粉、しょうゆ
　　… 各小さじ1
　　ウスターソース
　　… 小さじ2
　　塩、こしょう … 各少々
アボカド（1cmの角切り）… 1個
トマト（1cmの角切り）… 1個
温かいごはん … 400g
シュレッドチーズ（生食用）
　… 適量

作り方

1 玉ねぎは粗みじん切りにする。フライパンにサラダ油、にんにくを入れて中火で熱し、香りが出たら玉ねぎを加えて炒める。玉ねぎが透き通ってきたら、ひき肉を加えて焼き色がつくまでよく炒める。

2 キッチンペーパーで余分な脂をふき、Aを加えて汁けがなくなるまで炒め合わせ、火を止める。

3 器にごはんをよそい、2、アボカド、トマト、チーズをのせる。

POINT
ひき肉から出る余分な脂はしっかりふき取って。そのほうが合わせ調味料とよくなじみ、味がぼやけません。

10分でできる

ひと皿で彩りも栄養もばっちり

鮭と枝豆、コーンの甘酢炒め

10分でできる

材料（2〜3人分）

生鮭 … 3切れ
むき枝豆（冷凍）… 40g
ホールコーン水煮缶
　… ⅓缶（40g）
塩、こしょう … 各少々
薄力粉 … 大さじ1
サラダ油 … 大さじ1
酒 … 大さじ1
A｜砂糖、酢
　　… 各大さじ1
　　トマトケチャップ
　　… 大さじ2
　　しょうゆ … 小さじ2
　　塩 … ふたつまみ

作り方

1 鮭は水けをふいて骨を取り除き、ひと口大に切る。塩、こしょうをふり、薄力粉をまぶす。コーンは缶汁をきる。Aは混ぜ合わせておく。

2 フライパンにサラダ油を中火で熱し、1の鮭を2分ほど焼く。焼き色がついたら裏返し、2分焼く。

3 2に枝豆、コーン、酒を加え、ふたをして1分ほど蒸し焼きにする。ふたを取り、フライパンの中央を開け、混ぜ合わせたAを加える。少し火を強めて煮立て、全体にからめながら炒め合わせる。

**10分で
できる**

むね肉がしっとり＆ぷるぷる♪

鶏むねとしめじのケチャマヨ炒め

材料（2人分）

鶏むね肉 … 1枚（300g）
しめじ … 1パック
A｜塩、こしょう … 各少々
　｜酒 … 大さじ1
薄力粉 … 大さじ1
オリーブオイル … 大さじ1
B｜トマトケチャップ
　｜… 大さじ3と½
　｜マヨネーズ … 大さじ2
　｜塩、こしょう … 各少々

作り方

1 しめじは石づきを取り、小房に分ける。鶏肉はフォークで全体を刺してから1㎝厚さのそぎ切りにし、Aを順にもみ込んで薄力粉をまぶす。Bは混ぜ合わせておく。

2 フライパンにオリーブオイルを中火で熱し、1の鶏肉を並べ入れ、3〜4分焼く。焼き色がついたらしめじを加えて1〜2分炒める。

3 2のフライパンの中央を開け、混ぜ合わせたBを加える。少し火を強めて煮立て、全体にからめながら炒め合わせる。

これもおいしい　鶏むねとしめじ **のケチャみそ炒め**

「鶏むねとしめじのケチャマヨ炒め」のBをトマトケチャップ大さじ3、みそ大さじ1、ごま油大さじ½、塩、こしょう各少々に替え、同様に作る。

めんつゆ入りでごはんにも合う

豚バラとなすの
和風ケチャップ炒め

**8分で
できる**

材料（2人分）

豚バラ薄切り肉 … 200g
なす … 2個
塩 … 少々
サラダ油 … 大さじ1
A｜トマトケチャップ
　｜… 大さじ2
　｜めんつゆ（3倍濃縮）、酒
　｜… 各大さじ1
　｜塩、こしょう … 各少々

作り方

1 豚肉は5㎝幅に切る。なすは1㎝厚さの輪切りにする。Aは混ぜ合わせておく。

2 フライパンにサラダ油を中火で熱し、1の豚肉を炒める。色が変わり、カリッとしてきたら、なすを加えて塩をふり、豚肉の脂を吸わせながら2〜3分炒める。

3 2のフライパンの中央を開け、混ぜ合わせたAを加える。少し火を強めて煮立て、全体にからめながら炒め合わせる。

POINT
なすは油との相性が抜群！豚バラ薄切り肉のおいしい脂をしっかり吸わせながら炒めてください。

包丁の背でたたくと肉がやわらかに

マッシュルームのポークチャップ

材料（2人分）

豚ロースとんかつ用肉 … 2枚

マッシュルーム（ホワイト） … 6個

A｜塩、こしょう … 各少々
　｜酒 … 大さじ1

薄力粉 … 大さじ1

オリーブオイル … 大さじ1

バター … 10g

B｜トマトケチャップ
　｜　… 大さじ2
　｜ウスターソース
　｜　… 大さじ1
　｜みりん … 小さじ1
　｜にんにく（すりおろし）
　｜　… ½かけ

作り方

1 マッシュルームは根元を少し切り、縦3等分に切る。豚肉は包丁の背でたたき、ひと口大に切ってAを順にもみ込み、薄力粉をまぶす。Bは混ぜ合わせておく。

2 フライパンにオリーブオイルを中火で熱し、1の豚肉を入れ、焼き色がつくまで4〜5分焼く。同時に豚肉の横でマッシュルームを2〜3分炒める。

3 全体に火が通ったら余分な油をふく。フライパンの中央を開け、バター、混ぜ合わせたBを加える。少し火を強めて煮立て、全体に煮からめる。器に盛り、お好みでパセリのみじん切りをちらす。

10分で **できる**

5分で **できる**

冷めてもおいしいからお弁当にも◎

大豆とベーコンのケチャップ炒め

材料（2人分）

ブロックベーコン … 100g

大豆水煮（ドライパック） … 2パック（100g）

サラダ油 … 小さじ2

A｜トマトケチャップ
　｜　… 大さじ1
　｜焼き肉のたれ
　｜　… 大さじ½
　｜塩、こしょう … 各少々

作り方

1 ベーコンは1cm厚さに切ってから2cm長さに切る。Aは混ぜ合わせておく。

2 フライパンにサラダ油を中火で熱し、1のベーコンを炒める。全体に焼き色がついたら大豆を加えて1分ほど炒め、混ぜ合わせたAを加え、少し火を強めて全体に煮からめる。

れもおいしい ミックスビーンズとベーコンのケチャップ炒め

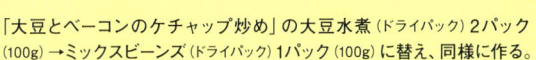

「大豆とベーコンのケチャップ炒め」の大豆水煮（ドライパック）2パック（100g）→ミックスビーンズ（ドライパック）1パック（100g）に替え、同様に作る。

ポン酢炒め

鍋料理のつけだれに使うだけじゃもったいない！
炒めものの味つけにもポン酢しょうゆはぴったりです。
合わせる調味料次第でさっぱりもコクうまも自由自在。

8分でできる

毎日でも食べたくなっちゃう!?

豚バラとほうれん草のポン酢炒め

材料（2人分）

豚バラ薄切り肉 … 200g
ほうれん草 … 1把（200g）
サラダ油 … 大さじ1
塩、こしょう … 各少々
A｜ポン酢しょうゆ … 大さじ2
　｜砂糖 … 小さじ1〜大さじ½

作り方

1 ほうれん草は4〜5cm長さに切り、3分ほど水にさらして水けをきる。豚肉は5cm幅に切る。Aは混ぜ合わせておく。

2 フライパンにサラダ油を中火で熱し、1の豚肉に塩、こしょうをして全体がカリッとするまで焼く。

3 2にほうれん草の軸、葉を順に加えて炒め、全体に油がまわったら混ぜ合わせたAを加えて炒め合わせる。

これもおいしい　豚バラと小松菜のカレーポン酢炒め

「豚バラとほうれん草のポン酢炒め」のほうれん草1把（200g）→小松菜1把（200g）、Aをポン酢しょうゆ大さじ2、砂糖小さじ1〜大さじ½、カレー粉小さじ½に替える。小松菜は4〜5cm長さに切り、同様に作る。

8分でできる

ごはんにのっけてもうま！

鶏ひきとアスパラ、ヤングコーンのバタポン炒め

材料（2人分）

鶏ひき肉 … 200g
アスパラガス … 3本
ヤングコーン水煮 … 6本
塩、こしょう … 各少々
オリーブオイル … 大さじ1
バター … 10g
ポン酢しょうゆ … 大さじ2

作り方

1 アスパラガスは根元のかたい皮をピーラーでむき、斜め4cm長さに切る。ヤングコーンは水けをきる。

2 フライパンにオリーブオイルを中火で熱し、ひき肉に塩、こしょうをしてほぐしながら炒める。肉の色が変わったらアスパラガスを加えて1〜2分炒める。

3 ヤングコーンも加えて炒め、バター、ポン酢しょうゆを加え、全体にからめながら炒め合わせる。

POINT
鶏ひき肉はかたまりが少し残るくらいに炒めて！そのほうが食べごたえが出て満足感がアップ！

10分でできる

なすから肉のうまみがジュワッ！

鶏ももとなすのガーリックポン酢炒め

材料（2人分）

鶏もも肉 … 1枚(300g)
なす … 2個
A｜塩、こしょう … 各少々
　｜酒 … 大さじ1
薄力粉 … 大さじ1
ごま油 … 大さじ1
塩 … 少々
B｜ポン酢しょうゆ
　｜　　… 大さじ2
　｜砂糖 … 小さじ1〜
　｜　　大さじ½
　｜にんにく(すりおろし)
　｜　　… 1かけ

作り方

1 鶏肉は余分な脂肪と筋を取り、縦半分に切ってから2cm幅に切り、Aを順にもみ込み、薄力粉をまぶす。なすは乱切りにする。Bは混ぜ合わせておく。

2 フライパンにごま油を中火で熱し、1の鶏肉を2〜3分焼く。焼き色がついたら裏返し、鶏肉の横になすを入れて塩をふり、肉の脂を吸わせながら同時に2〜3分炒める。

3 なすにも焼き色がついたら、混ぜ合わせたBを加えて全体にからめながら炒め合わせる。

49

POINT

ポン酢しょうゆに砂糖を合わせることで、酸味がやわらいでまろやかになり、ワンランクアップの味わいに!

しょうががきいていて食欲アップ!

かじきと長いものポン酢炒め

材料（2人分）

かじき … 3切れ
長いも … 180〜200g
塩、こしょう … 各少々
薄力粉 … 大さじ1
ごま油 … 大さじ1
A｜ ポン酢しょうゆ
　　 … 大さじ2
　　 砂糖 … 小さじ1
　　 〜大さじ½
　　 しょうが（すりおろし）
　　 … ½かけ

作り方

1 長いもは皮をむいて1cm厚さの輪切りにする。かじきは大きめのひと口大に切り、塩、こしょうをふって薄力粉をまぶす。Aは混ぜ合わせておく。

2 フライパンにごま油を中火で熱し、1のかじきを入れて両面合わせて3〜4分焼いて一度取り出す。

3 2のフライパンに長いもを入れて全体に焼き色がつくまで2〜3分焼く。2のかじきを戻し入れ、混ぜ合わせたAを加えて全体にからめながら炒め合わせる。器に盛り、お好みで小ねぎの小口切りをちらす。

さっぱりなのに100満点のコク!

豚こまときのこのバタポン炒め

材料（2人分）

豚こま切れ肉 … 200g
しめじ … 1パック
まいたけ … 1パック
サラダ油 … 大さじ1
塩、こしょう
　　 … 各少々
酒 … 大さじ1
バター … 10g
ポン酢しょうゆ
　　 … 大さじ2

作り方

1 しめじは根元を切り落とし、手でほぐす。まいたけも食べやすい大きさにほぐす。

2 フライパンにサラダ油を中火で熱し、豚肉に塩、こしょうをして炒める。肉の色が変わったら1を加えて炒める。

3 きのこがしんなりしたら、酒をふり入れ、バター、ポン酢しょうゆを加えて全体にからめながら炒め合わせる。

これもおいしい 牛こまときのこのバタポン炒め

「豚こまときのこのバタポン炒め」の豚こま切れ肉200g→牛こま切れ肉200gに替え、同様に作る。

ポン酢とマヨネーズの鉄板コンビ！

鶏むねとブロッコリーのマヨポン炒め

材料（2人分）

鶏むね肉 … 1枚（300g）
ブロッコリー … 大½株
A｜塩、こしょう … 各少々
　｜酒 … 大さじ1

薄力粉 … 大さじ1
サラダ油 … 大さじ1
B｜ポン酢しょうゆ、マヨ
　｜ネーズ … 各大さじ2

作り方

1 ブロッコリーは小房に分ける。鶏肉はフォークで全体を刺してから1cm厚さのそぎ切りにし、Aを順にもみ込み、薄力粉をまぶす。Bは混ぜ合わせておく。

2 フライパンに1のブロッコリー、塩、サラダ油各少々、水大さじ2（いずれも分量外）を入れる。ふたをし、弱めの中火で2分蒸し焼きにして一度取り出す。

3 2のフライパンの水けをふいてサラダ油を中火で熱し、1の鶏肉を入れて両面合わせて4〜5分焼く。2のブロッコリーを戻し入れ、混ぜ合わせたBを加えて全体にからめながら炒め合わせる。

10分でできる

塩さばの便利さに感動しちゃう♡

塩さばと長ねぎのゆずこしょうポン酢炒め

8分でできる

材料（2人分）

塩さば（半身・骨取り済み）
　… 2枚（200g）
長ねぎ … ½本
ごま油 … 大さじ1
A｜ポン酢しょうゆ
　｜　… 大さじ2
　｜ゆずこしょう
　｜　… 小さじ1
　｜砂糖 … 小さじ1〜
　｜　大さじ½

作り方

1 長ねぎは2cm長さに切り、楊枝で数か所刺しておく。塩さばは水けをふき、2cm幅に切る。Aは混ぜ合わせておく。

2 フライパンにごま油を中火で熱し、1のさばの両面を3〜4分焼く。さばの横で同時に長ねぎを転がしながら2〜3分焼く。

3 全体に火が通ったら、Aを加えて全体にからめながら炒め合わせる。

POINT
スピードおかずには骨取り済みの塩さばがぴったり！脂ものっていて炒めものにも向いています。

これもおいしい **塩鮭と長ねぎのゆずこしょうポン酢炒め**

「塩さばと長ねぎのゆずこしょうポン酢炒め」の塩さば（半身・骨取り済み）2枚（200g）→甘塩鮭3切れに替える。甘塩鮭は水けをふいて骨を取り除き、ひと口大に切り、同様に作る。

コチュジャン炒め

コチュジャンの使い道、迷ったりしていませんか？コクのあるピリ辛味は、実は味が決まりやすく炒めものに最適！どんな食材もうまくまとめてくれる心強い味つけです。

POINT
春雨は熱湯でもどさず煮汁にそのまま加えます。こうすると水っぽくならず、モチモチの食感に！

濃厚な辛うま味でおかわり必至！

牛肉とピーマン、にんじんのチャプチェ

10分でできる

材料（2〜3人分）

牛切り落とし肉 … 180〜200g
緑豆春雨（乾燥・ショートタイプ）
　… 60g
にんじん … 1/3本
ピーマン … 2個
ごま油 … 大さじ1
A｜水 … 3/4カップ
　｜砂糖、酒 … 各大さじ1
　｜しょうゆ … 大さじ2
　｜鶏ガラスープの素 … 小さじ1
　｜コチュジャン … 小さじ2
いりごま（白）… 大さじ1

作り方

1 にんじんとピーマンは5cm長さの細切りにする。Aは混ぜ合わせておく。

2 フライパンにごま油を中火で熱し、牛肉を入れて炒める。肉の色が変わったら、にんじん、ピーマンを加えて1〜2分炒める。

3 全体に油がまわったら混ぜ合わせたAを加え、春雨をもどさずにそのまま加える。ふたをして弱めの中火で4〜5分蒸し煮にする。ごまを加えて全体に汁けをとばしながら炒め合わせる。

これもおいしい　豚肉と赤パプリカ、しめじのチャプチェ

「牛肉とピーマン、にんじんのチャプチェ」の牛切り落とし肉200g→豚切り落とし肉200g、ピーマン2個→パプリカ（赤）小1個、にんじん1/3本→しめじ1パックに替える。パプリカ（赤）は5cm長さの細切りにし、しめじは小房に分け、同様に作る。

10分でできる

ふんわり卵入りでボリュームアップ！

えびと小ねぎの辛うま炒め

材料（2人分）

むきえび … 200g
小ねぎ … 1/3把
A 卵 … 2個
　 塩、こしょう … 各少々
薄力粉 … 大さじ1
ごま油 … 大さじ1と1/2
B 酒 … 大さじ2
　 しょうゆ … 大さじ1/2
　 コチュジャン
　　 … 大さじ1
　 みりん、酢
　　 … 各小さじ1

作り方

1 小ねぎは4cm長さに切る。えびは背わたがあれば取り、塩もみ（分量外）して洗う。水けをふき、薄力粉をまぶす。A、Bはそれぞれ混ぜ合わせておく。

2 フライパンにごま油大さじ1/2を中火で熱し、1の卵液を流し入れて半熟状になったら大きくかき混ぜ、一度取り出す。

3 2のフライパンに残りのごま油を足し、1のえびを3〜4分炒め、色が変わったら小ねぎを加えて1分ほど炒める。混ぜ合わせたBを加えてさっと炒め合わせ、2の卵を戻し入れてさっと混ぜる。

10分でできる

鶏肉に下味をつければうまさ倍増

鶏ももとなすのコチュジャン炒め

材料（2人分）

鶏もも肉 … 1枚（300g）
なす … 2個
A 塩、こしょう … 各少々
　 酒 … 大さじ1
薄力粉 … 大さじ1
ごま油 … 大さじ1
塩 … 少々
B 酒、コチュジャン
　　 … 各大さじ1
　 砂糖、酢 … 各小さじ1
　 しょうゆ … 小さじ2

作り方

1 鶏肉は余分な脂肪と筋を取り除き、ひと口大に切り、Aを順にもみ込み、薄力粉をまぶす。なすは1cm幅の半月切りにする。Bは混ぜ合わせておく。

2 フライパンにごま油を中火で熱し、1の鶏肉を2〜3分焼く。焼き色がついたら裏返し、鶏肉の横になすを入れて塩をふり、油を吸わせながら同時に2〜3分炒める。

3 なすにも焼き色がついたら、混ぜ合わせたBを加え、全体にからめながら炒め合わせる。

10分で できる

ガッツリ食べたいときはこれ！

豚バラとにら、玉ねぎのプルコギ炒め

材料（2人分）

豚バラ薄切り肉 … 200g
玉ねぎ … ½個
にら … ½把
サラダ油 … 大さじ1
A｜酒 … 大さじ1と½
　｜しょうゆ、コチュジャン
　｜　… 各大さじ1
　｜砂糖 … 小さじ2
　｜にんにく（すりおろし）
　｜　… ½かけ
　｜ごま油 … 大さじ1

作り方

1 豚肉は5cm幅に切り、ポリ袋に入れる。Aを順に加えてもみ混ぜ、5分おく。玉ねぎは1cm幅のくし形切りにし、にらは5cm長さに切る。

2 フライパンにサラダ油を引いて1の豚肉を広げ、中火でときどき上下を返しながら焼く。

3 肉の色が変わったら玉ねぎを加えて1～2分炒め、仕上げににらを加えてさっと炒め合わせる。

POINT

豚肉は炒める前に下味をつけて5分おいてください。肉がぷるっとやわらかく仕上がります。

8分で できる

ホクホクのズッキーニがごちそう

鶏ひきとズッキーニのコチュジャン炒め

材料（2人分）

鶏ひき肉 … 200g
ズッキーニ … 1本
オリーブオイル … 大さじ1
塩、こしょう … 各少々
A｜しょうゆ … 大さじ½
　｜酒、コチュジャン
　｜　… 各大さじ1
　｜砂糖、酢
　｜　… 各小さじ1
　｜にんにく（すりおろし）
　｜　… ½かけ

作り方

1 ズッキーニは長さを3～4等分に切り、縦6等分に切る。Aは混ぜ合わせておく。

2 フライパンにオリーブオイルを中火で熱し、ひき肉を入れ、塩、こしょうをして炒める。肉の色が変わったら1のズッキーニを加えて2～3分炒める。

3 ズッキーニに少し焼き色がついてきたら混ぜ合わせたAを加え、全体にからめながら炒め合わせる。

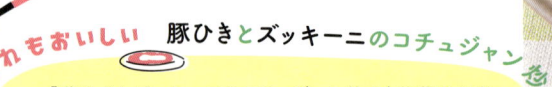

これもおいしい 豚ひきとズッキーニのコチュジャン炒め

「鶏ひきとズッキーニのコチュジャン炒め」の鶏ひき肉200g→豚ひき肉200gに替え、同様に作る。

ピリッとまろやかな節約おかず

豚こまと厚揚げの コチュマヨ炒め

材料（2人分）

豚こま切れ肉 … 150g
厚揚げ … 小2枚（300g）
サラダ油 … 大さじ1
塩、こしょう … 各少々
A｜酒、コチュジャン、
　｜マヨネーズ
　｜　… 各大さじ1
　｜しょうゆ … 小さじ1

作り方

1 厚揚げは縦半分に切ってから8mm厚さに切る。Aは混ぜ合わせておく。

2 フライパンにサラダ油を中火で熱し、**1**の厚揚げを入れ、全体に焼き色がつくまで2〜3分焼き、一度取り出す。

3 **2**のフライパンに豚肉を入れ、塩、こしょうをして炒める。肉の色が変わったら**2**の厚揚げを戻し入れ、混ぜ合わせたAを加えて全体にからめながら炒め合わせる。

8分でできる

これもおいしい　鶏こまと厚揚げのコチュマヨ炒め

「豚こまと厚揚げのコチュマヨ炒め」の豚こま切れ肉150g→鶏こま切れ肉150gに替え、同様に作る。

7分でできる

さわやかな辛味がクセになる！

たことセロリのコチュバター炒め

材料（2人分）

ゆでだこの足（刺身用）
　　… 180〜200g
セロリ … 1本
サラダ油 … 大さじ1
バター … 10g
A｜コチュジャン、酒
　｜しょうゆ … 各小さじ2
　｜砂糖 … 小さじ⅔
塩、こしょう … 各少々

作り方

1 たこはひと口大に切る。セロリの茎は筋を取り、1cm幅の斜め切りにし、葉はざく切りにする。Aは混ぜ合わせておく。

2 フライパンにサラダ油を中火で熱し、セロリの茎を炒める。少ししんなりしてきたら、たこ、バター、混ぜ合わせたAを加えて全体にからめながら炒め合わせる。仕上げにセロリの葉を加え、塩、こしょうをしてさっとあえる。

白だし炒め

白だしは昆布やかつお節、干ししいたけなどのだしに薄口しょうゆやみりんなどを加えた万能調味料。塩炒めとは違う、だし感あふれる炒めものが楽しめます。

POINT
にんじんを炒めたら酒をふって蒸し焼きにするのがコツ。こうすると甘みが引き出され、白いごはんとの相性もバッチリ！

10分でできる

白だしとごまだけで味が決まる！
豚バラとにんじんのしりしり風炒め

材料（2人分）

豚バラ薄切り肉 … 200g
にんじん … 1本
ごま油 … 大さじ1
酒 … 大さじ1
白だし … 大さじ1と½
いりごま（白） … 大さじ½

作り方

1 にんじんは4〜5cm長さの細切りにする。豚肉は3cm幅に切る。

2 フライパンにごま油を中火で熱し、**1**の豚肉を炒める。肉の色が変わったらにんじんを加えて2〜3分炒める。

3 **2**に酒をふり入れ、ふたをして1〜2分蒸し焼きにする。ふたを取り、白だしを加えて全体にからめながら炒め合わせ、ごまを加えてさっと混ぜる。

これもおいしい 鶏ひきとにんじんの卵炒め

「豚バラとにんじんのしりしり風炒め」の豚バラ薄切り肉200g→鶏ひき肉180gに替え、別途卵1個を用意し、溶きほぐして白だし大さじ½を混ぜる。同様に作り、仕上げに卵液を加えてさっと炒め合わせる。

**8分で
できる**

強烈なうまみのとりこになる！

えびとねぎの
白だしマヨ炒め

材料（2人分）

むきえび … 200g
長ねぎ … 2/3本
薄力粉 … 大さじ1
サラダ油 … 大さじ1
A｜マヨネーズ
　　　… 大さじ1
　｜白だし、酒
　　　… 各小さじ2
　｜こしょう … 少々

作り方

1 長ねぎは1cm厚さの小口切りにする。えびは背わたがあれば取り、塩もみ（分量外）して洗う。水けをふき、薄力粉をまぶす。Aは混ぜ合わせておく。

2 フライパンにサラダ油を中火で熱し、**1**のえびを2〜3分炒める。えびの色が変わったら長ねぎを加えて1〜2分炒める。

3 長ねぎがしんなりしたら、混ぜ合わせたAを加えて全体にからめながら炒め合わせる。

これもおいしい　たことねぎの白だしマヨ炒め

「えびとねぎの白だしマヨ炒め」のむきえび200g→
ゆでだこの足（刺身用）200gに替え、同様に作る。

だし感たっぷりの上品な味わい！

牛肉とチンゲン菜の白だししょうが炒め

**7分で
できる**

材料（2人分）

牛切り落とし肉 … 200g
チンゲン菜 … 2株
しょうが（せん切り）… 1かけ
A｜塩、こしょう … 各少々
　｜酒 … 大さじ1
薄力粉 … 大さじ1
ごま油 … 大さじ1
白だし … 大さじ2

作り方

1 チンゲン菜は軸と葉に分け、軸は3〜4cm長さに切り、葉はざく切りにする。牛肉にAを順にもみ込み、薄力粉をまぶす。

2 フライパンにごま油を中火で熱し、しょうがを炒める。香りが出たら、**1**の牛肉を炒め、肉の色が変わったらチンゲン菜の軸、葉の順に炒める。

3 チンゲン菜に油がまわったら白だしを加え、全体にからめながら炒め合わせる。

10分でできる

やさしい味にピリリと辛みがきく

鶏ひきと白菜の白だし炒め

材料（2人分）

鶏ひき肉 … 200g
白菜 … 1/6株(400g)
ごま油 … 大さじ1
白だし … 大さじ3
水溶き片栗粉
　片栗粉 … 小さじ2
　水 … 大さじ1
ラー油 … 適量

作り方

1 白菜は軸と葉に分け、2cm幅のざく切りにする。

2 フライパンにごま油を中火で熱し、ひき肉を炒める。肉の色が変わってきたら白菜の軸を加えて1〜2分炒める。

3 白菜の軸がしんなりしてきたら、白菜の葉、白だしを加えて1〜2分炒め、水溶き片栗粉を加えてとろみがつくまで炒め合わせる。器に盛り、ラー油をかける。

10分でできる

大きなスプーンでぱくぱく食べたい！

豚ひきとさやいんげんの炒り豆腐

材料（2人分）

豚ひき肉 … 200g
木綿豆腐 … 1丁(350g)
さやいんげん … 3本
ごま油 … 大さじ1
白だし … 大さじ2
粉山椒 … 適量

作り方

1 豆腐は手で大きめのひと口大にちぎり、キッチンペーパーに断面を下に向けてのせ、5分おく。さやいんげんは1cm幅に切る。

2 フライパンにごま油を中火で熱し、ひき肉を炒める。肉の色が変わったら1のさやいんげんを加えて2〜3分炒める。

3 1の豆腐を加え、くずしながら水分が少しとぶまで2分ほど炒める。白だしを加え、さらに水分がとぶまで炒め合わせる。器に盛り、粉山椒をかける。

POINT

豆腐はある程度水分がとぶまで炒めてから白だしを加えてください。味がしっかり入ります。

きのこのうまみが際立つ和風イタリアン！

豚こまときのこの白だしガーリック炒め

材料（2人分）

豚こま切れ肉 … 200g
しいたけ … 4個
エリンギ … 1本
にんにく(薄切り) … 1かけ
オリーブオイル … 大さじ1
白だし … 大さじ2
塩、粗びき黒こしょう
　　… 各適量

作り方

1 しいたけは石づきを取り、縦4等分に切る。エリンギは乱切りにする。

2 フライパンにオリーブオイルとにんにくを入れて弱めの中火で熱し、にんにくが色づくまで炒め、一度取り出す。

3 2のフライパンに豚肉を入れて塩をして炒める。肉の色が変わったら1を加えて炒め、全体に油がまわったら、白だし、2のにんにくを加えて炒め合わせる。器に盛り、粗びき黒こしょうをかける。

10分でできる

これもおいしい 牛こまときのこの白だしガーリック炒め

「豚こまときのこの白だしガーリック炒め」の豚こま切れ肉200g→牛こま切れ肉200gに替え、同様に作る。

お肉がなくてもメインおかずが完成！

ピーマンとちくわの白だし卵炒め

8分でできる

材料（2人分）

A｜卵 … 2個
　｜白だし … 小さじ2
　｜酒 … 大さじ1
ピーマン … 3個
ちくわ … 3本
サラダ油 … 大さじ1と½
白だし
　　… 小さじ2〜大さじ1

作り方

1 ピーマンは乱切りにする。ちくわは斜め3〜4等分に切る。Aは混ぜ合わせておく。

2 フライパンにサラダ油大さじ1を中火で熱し、1の卵液を流し入れ、菜箸で大きくかき混ぜ、半熟状になったら一度取り出す。

3 2のフライパンに残りのサラダ油を足し、1のピーマンを炒める。油がまわったらちくわを加えて1分ほど炒める。さらに白だしを加えて調味し、2の卵を戻し入れてさっと混ぜる。

火を使わないおつまみ

家飲みにぴったりな激うまのおつまみはいかがでしょうか？
どれも5分以内でできちゃうから時間がないときにぴったりです。

3分でできる

秒でなくなる！マイルドな辛み

いか刺しのキムチマヨあえ

材料（2人分）

いかそうめん（刺身用）… 100g
白菜キムチ … 70g
A｜マヨネーズ … 小さじ2
　｜しょうゆ … 小さじ1

作り方

1 白菜キムチは食べやすい大きさに切る。

2 ボウルに1、いかそうめんを入れ、Aを加えてあえる。

4分でできる

意外な組み合わせにハマる人続出！

たくあんと柿ピーのチーズボール

材料（作りやすい分量）

クリームチーズ（個包装タイプ）… 6個
たくあん … 40g
柿の種（ピーナッツ入り）… 20g

作り方

1 ボウルにクリームチーズを入れ、なめらかになるまでへらで混ぜる。

2 たくあんは5mm角に切る。柿の種は包丁の背で粗くたたく。

3 1に2を加えてあえ、小さなボール状にまとめ、ピックを刺す。

これもおいしい　**サーモンのキムチマヨあえ**

「いか刺しのキムチマヨあえ」のいかそうめん（刺身用）100g→サーモン（刺身用）100gに替える。サーモンは8mm幅のそぎ切りにし、同様に作る。

4分でできる

よだれ鶏を超えるうまさ！

よだれアボカド

材料（2人分）

アボカド … 大1個
A｜焼き肉のたれ … 大さじ1と½
　｜ポン酢しょうゆ … 大さじ½
　｜ごま油 … 小さじ1
　｜ラー油 … 少々
ミックスナッツ（素焼き）… 15g

作り方

1 アボカドは種に沿ってぐるりと縦に切り込みを入れ、左右にひねって半分に割り、皮と種を取り除く。4等分のくし形切りにし、酢小さじ1（分量外）をまぶす。ミックスナッツは包丁の背で粗く砕く。

2 器に1のアボカドを盛り、混ぜ合わせたAをまわしかけ、ミックスナッツをちらす。

5分でできる

居酒屋のお通し風♪

焼き豚と長ねぎのごま油あえ

材料（2人分）

焼き豚 … 80g
長ねぎ … ⅓本
A｜しょうゆ、ごま油 … 各小さじ1
　｜粉山椒　少々

作り方

1 長ねぎは斜め薄切りにし、塩少々（分量外）をふってもみ、水にさらして水けをきる。

2 焼き豚は5mm幅の細切りにする。

3 ボウルに1、2を入れ、Aを加えてあえる。

PART 2

10分で
たれ&ソース100品!

混ぜるだけのたれ&ソースを14種類ご紹介！
メイン食材は焼く、ゆでる、レンチンするなどのシンプル調理！
そこに極うまのたれ&ソースをまとわせたら
いつものおかずがランクアップすること間違いなしです。

オイスターソースやみそなど合わせる調味料を替えるだけで肉や魚のソテー、カルパッチョなどいろいろなおかずに使えます。

フレッシュなトマトをたっぷり使ったおかずだれ！

10分でできる

ほんの少しにんにくをきかせるのがコツ

ポークソテー トマトだれがけ

材料（2人分）

豚ロースとんかつ用肉 … 2枚
さやいんげん … 6本
塩、こしょう … 各適量
トマトだれ
　塩 … 小さじ1
　砂糖 … 小さじ2
　レモン汁 … 小さじ1
　にんにく（すりおろし）、こしょう … 各少々
　オリーブオイル … 大さじ2
　トマト（8mmの角切り）… 1個
サラダ油 … 大さじ1

作り方

1 **トマトだれ**の材料は順に混ぜ合わせておく。さやいんげんは長さを3等分に切る。豚肉は包丁の背で両面を軽くたたき、塩、こしょうをふる。

2 冷たいフライパンにサラダ油½量を塗り、**1**の豚肉の盛りつけるとき上になるほうを下にして入れ、弱めの中火でフライパンをゆすりながら3〜4分焼く。

3 焼き色がついたら余分な脂をふき、残りのサラダ油を足して裏返し、2〜3分焼く。豚肉の横にさやいんげんを入れ、塩、こしょうをして同時に3分ほど焼く。器に盛り、**1**のたれをかける。

これもおいしい　チキンソテートマトだれがけ

「ポークソテートマトだれがけ」の豚ロースとんかつ用肉2枚→鶏もも肉小2枚（400g）に替える。鶏肉に塩、こしょう各少々をふり、サラダ油を熱したフライパンに皮目から入れ、弱めの中火で6〜7分焼き、裏返してふたをして弱火で2〜3分焼く。同様に**トマトだれ**をかける。

POINT

トマトだれが余った
ら、軽くトーストした
バゲットにのせてみ
て。おしゃれな前菜
になります。

5分でできる

オイスターソースって万能！

たいのカルパッチョトマトだれ添え

材料（2人分）

たい（刺身用）
　… 1さく（150g）

トマトだれ
　オイスターソース
　　… 大さじ1
　しょうゆ … 小さじ1
　レモン汁 … 大さじ½
　にんにく（すりおろし）… 少々
　ごま油 … 大さじ½
　トマト（5mmの角切り）… 1個

作り方

1 トマトだれの材料は順に混ぜ合わせておく。

2 たいは食べやすい大きさのそぎ切りにし、器に盛る。お好みでブロッコリースプラウトを飾り、1のたれを添える。

これもおいしい　**サーモン**のカルパッチョトマトだれ添え

「たいのカルパッチョトマトだれ添え」のたい（刺身用）150g→サーモン（刺身用）150gに替え、同様に作る。

10分でできる

魚×トマト、とっても合うんです！

ぶりと長いものソテートマトだれがけ

材料（2人分）

ぶり … 2切れ
長いも … 6cm（100g）
塩、こしょう、薄力粉
　… 各適量
サラダ油 … 大さじ1

トマトだれ
　しょうゆ … 大さじ1
　砂糖 … 小さじ1
　塩 … 少々
　酢 … 大さじ½
　ごま油 … 大さじ1
　トマト（8mmの角切り）
　　… 1個

作り方

1 トマトだれの材料は順に混ぜ合わせておく。ぶりは水けをふいて塩、こしょうを強めにふり、薄力粉をまぶす。長いもは皮をむいて1.5cm幅の半月切りにする。

2 フライパンにサラダ油を中火で熱し、1のぶりを盛りつけるとき上になるほうを下にして入れ、2〜3分焼く。焼き色がついたら裏返し、2〜3分焼く。ぶりの横に長いもを入れ、塩、こしょうをして同時に両面を2〜3分焼く。

3 器に2を盛り合わせ、1のたれをかける。

これもおいしい　**さば**と長いものソテートマトだれがけ

「ぶりと長いものソテートマトだれがけ」のぶり2切れ→生さば2切れに替え、同様に作る。

8分で
できる

うまみたっぷりコンビの絶品だれ

豚しゃぶの
トマトみそだれサラダ

材料（2人分）

豚ロースしゃぶしゃぶ用肉
　… 200g
レタス … 3枚
トマトだれ
　みそ … 大さじ1
　砂糖 … 小さじ2
　しょうゆ … 小さじ2
　酢 … 大さじ½
　オリーブオイル
　　… 大さじ2
　トマト（8mmの角切り）
　　… 1個

作り方

1 鍋に水1ℓ、塩小さじ1（分量外）を入れて沸かし、沸騰したら酒大さじ1（分量外）を加える。ふつふつとするくらいの火加減にして、豚肉を広げて入れ、肉の色が変わるまでゆで、ざるにあげて水けをきる。レタスは手で食べやすい大きさにちぎる。

2 トマトだれの材料は順に混ぜ合わせておく。

3 器に1を盛り合わせ、2のたれをかける。

あれこれ考えなくても作れる！

8分で
できる

焼き厚揚げの
トマトだれがけ

材料（2人分）

厚揚げ … 小2枚（300g）
トマトだれ
　しょうゆ … 大さじ1
　砂糖 … 小さじ1
　塩 … 少々
　酢 … 大さじ½
　ごま油 … 大さじ1
　トマト（5mmの角切り）
　　… 1個

作り方

1 トマトだれの材料は順に混ぜ合わせておく。

2 フライパンを弱めの中火で熱し、油を引かずに厚揚げを2〜3分焼き、裏返して2〜3分焼く。

3 2を4等分に切って器に盛り、1のたれをかける。

酢・砂糖・しょうゆ・ごま油が基本ベースの中華だれ。オイスターソースや豆板醤などを追加すればおいしさも倍増！みんなの食欲をそそること間違いなしです。

POINT

時間があるときは冷蔵庫で寝かせてもOK！日持ちは冷蔵で3〜4日保存可能です。

12分でできる

疲れたときに無性に食べたくなる！

鶏むねの中華風南蛮漬け

材料（2〜3人分）

鶏むね肉 … 1枚(300g)
玉ねぎ … ½個
にんじん … ⅓本

中華だれ
　水 … ½カップ
　しょうゆ … 大さじ2
　酢 … 大さじ1
　砂糖 … 小さじ2
　塩 … 小さじ¼
　鶏ガラスープの素 … 小さじ½
　ごま油 … 大さじ1
　赤唐辛子 … 1本
A 　塩、こしょう … 各少々
　酒 … 大さじ1
片栗粉 … 大さじ3
サラダ油 … 大さじ2

作り方

1 玉ねぎは薄切りにし、にんじんは4〜5cm長さの細切りにする。耐熱ボウルに**中華だれ**の材料のごま油、赤唐辛子以外の調味料を合わせ、電子レンジで1分30秒加熱する。残りのごま油、赤唐辛子を入れ、玉ねぎ、にんじんを漬けておく。

2 鶏肉はフォークで全体を刺してから1cm厚さのそぎ切りにし、**A**を順にもみ込み、片栗粉をまぶす。

3 フライパンにサラダ油を中火で熱し、**2**を並べて入れて2〜3分焼き、焼き色がついたら裏返して2〜3分揚げ焼きにする。火が通ったものから、**1**のたれに加えてなじませる。

これもおいしい 　鮭の中華風南蛮漬け

「鶏むねの中華風南蛮漬け」の鶏むね肉1枚(300g)→生鮭3切れに替える。生鮭は水けをふいて骨を取り除き、ひと口大に切る。同様に**A**を順にもみ込み、片栗粉をまぶして作る。

POINT
しゃぶしゃぶ用肉は薄くてやわらかいので時短調理にぴったり！コクのあるロースやバラがおすすめです。

10分でできる

キャベツがたっぷり食べられる！

せん切りキャベツの中華風豚しゃぶ巻き

材料（2人分）

豚ロースしゃぶしゃぶ用肉 … 12枚
キャベツ … ¼個
塩、こしょう … 各適量
酒 … 大さじ1
中華だれ
    オイスターソース、酢 … 各大さじ1
    しょうゆ … 大さじ½
    砂糖 … 小さじ1
    ごま油 … 大さじ1

作り方

1 キャベツはせん切りにする。豚肉は2枚ずつ少し重ねてまな板に置き、塩、こしょうをふる。キャベツを等分にのせてきつく巻き、さらに塩、こしょうをふる。全部で6個作る。

2 耐熱皿に**1**の巻き終わりを下にして並べ、酒をふり、ふんわりとラップをかけて電子レンジで5分30秒〜6分加熱する。

3 **中華だれ**の材料は順に混ぜ合わせておく。器に**2**を盛り、たれをかける。

これもおいしい **豆苗の中華風豚しゃぶ巻き**

「せん切りキャベツの中華風豚しゃぶ巻き」のキャベツ¼個→豆苗1パックに替える。豆苗は根元を切り落とし、塩、こしょうをふった豚肉で同様に巻く。電子レンジで同様に5分〜5分30秒加熱し、混ぜ合わせた**中華だれ**をかける。

POINT
この中華ねぎだれは鶏のから揚げやとんかつ、豆腐にかけてもおいしい。日持ちは冷蔵で3〜4日保存可能です。

10分でできる

ねぎ好きに贈る！やみつきのピリ辛だれです

揚げかじきの中華ねぎだれまみれ

材料（2人分）

かじき … 3切れ

中華だれ

　オイスターソース、酢 … 各大さじ1
　しょうゆ … 大さじ½
　砂糖 … 小さじ1
　豆板醤 … 小さじ½
　ごま油 … 大さじ2
　長ねぎ(粗みじん切り) … ¾本

A 　塩、こしょう … 各少々
　酒 … 大さじ1

片栗粉 … 大さじ2

サラダ油 … 大さじ2〜3

作り方

1 中華だれの材料は順に混ぜ合わせておく。

2 かじきは水けをふいて大きめのひと口大に切り、**A**を順にからめて片栗粉をまぶす。

3 フライパンにサラダ油を中火で熱し、**2**を入れて4〜5分揚げ焼きにし、油をよくきる。器に盛り、**1**のたれをかける。

これもおいしい 揚げぶりの中華ねぎだれまみれ

「揚げかじきの中華ねぎだれまみれ」のかじき3切れ→ぶり3切れに替える。ぶりは同様に水けをふいて大きめのひと口大に切り、**A**を順にからめ、片栗粉をまぶして作る。

14分でできる

この甘酸っぱさがちょうどいい

鮭ときのこのホイル焼き

材料（2人分）

生鮭 … 2切れ
しめじ … 1パック
えのきたけ … 1パック
玉ねぎ … ½個
塩、こしょう … 各適量
酒 … 大さじ2

中華だれ
しょうゆ、酢
… 各大さじ1
砂糖 … 小さじ2
ごま油 … 大さじ1

中華だれ

作り方

1 玉ねぎは薄切りにし、しめじは石づきを取って小房に分け、えのきたけは根元を切り落として4等分にほぐす。鮭は水けをふき、塩、こしょうをふる。中華だれの材料は順に混ぜ合わせておく。

2 30㎝長さのアルミホイルを2枚用意する。玉ねぎ、しめじ、えのきたけの順に敷き、鮭をのせて酒をふり、ホイルを閉じる。同様にもう1個作る。

3 オーブントースターの天板に**2**をのせ、10分ほど焼く。アルミホイルを開け、**1**のたれをかける。

POINT
下ごしらえの前にオーブントースターを予熱しておきましょう。早く火が通ります。

たれを手作りすると格別！

具だくさん冷やし中華

10分でできる

材料（2人分）

中華蒸しめん … 2玉
水菜 … 1株
スライスハム … 4枚
かに風味かまぼこ … 4本
ホールコーン水煮缶
… ⅓缶(40g)

中華だれ
オイスターソース、酢
… 各大さじ1
しょうゆ … 大さじ½
砂糖 … 小さじ1
ごま油 … 大さじ1

作り方

1 中華めんは袋の表示通りにゆで、流水で洗って締め、ざるにあげて水けをきる。

2 水菜は2㎝長さに切り、ハムはせん切りにする。かにかまは細かくほぐし、コーン缶は缶汁をきる。中華だれの材料は混ぜ合わせておく。

3 器に**1**を盛り、**2**の具材を盛り合わせ、たれをかける。

ねぎ塩だれ

ねぎとオイルに、レモンや酢の酸味を少しきかせます。ねぎの香りとさっぱりしたうまみで、いくらでも食べられる絶品だれになるのです。

POINT
ねぎ塩だれは作りおきに向いています。日持ちは冷蔵で3〜4日保存可能です。

10分でできる

まさにごはん泥棒！

牛焼き肉とピーマンのねぎ塩だれがけ

材料（2人分）

牛焼き肉用肉 … 200g
ピーマン … 3個
サラダ油 … 大さじ1
塩、こしょう … 各適量

ねぎ塩だれ

塩 … 小さじ½
粗びき黒こしょう … 小さじ⅓
にんにく（すりおろし） … 少々
レモン汁 … 小さじ2
ごま油 … 大さじ2
長ねぎ（粗みじん切り） … ½本

作り方

1 **ねぎ塩だれ**の材料は順に混ぜ合わせておく。ピーマンは縦半分に切る。

2 フライパンにサラダ油を中火で熱し、**1**のピーマンを入れて2〜3分焼き、器に盛る。同じフライパンに牛肉を入れて塩、こしょうをふり、両面合わせて2分ほど焼く。

3 **2**のピーマンの器に牛肉を盛り、**1**のたれをのせる。

これもおいしい　豚バラ焼き肉とピーマンのねぎ塩だれがけ

「牛焼き肉とピーマンのねぎ塩だれがけ」の牛焼き肉用肉200g→豚バラ焼き肉用肉200gに替え、同様に作る。

POINT
レンジ蒸し鶏は作りおきにぴったり。日持ちは冷蔵で3日、冷凍で2週間保存可能です。

10分で
できる

鶏肉はフォークで100回刺してやわらかく

レンジ蒸し鶏のねぎ塩だれがけ

材料（2人分）

鶏むね肉 … 1枚(300g)
A │ 塩 … 小さじ½
　│ 砂糖 … 小さじ1
酒 … 大さじ2
ねぎ塩だれ
　│ 塩 … 小さじ½
　│ 鶏ガラスープの素 … 小さじ¼
　│ 砂糖 … 小さじ1
　│ 酢 … 小さじ2
　│ ごま油 … 大さじ2
　│ 長ねぎ(粗みじん切り) … ½本

作り方

1 鶏肉はフォークで片面50回ずつ刺して**A**をすり込む。耐熱容器にのせて酒をふり、ふんわりとラップをかけて電子レンジで3分30秒加熱する。取り出して上下を返し、同様に3分加熱し、そのまま2分おく。

2 ねぎ塩だれの材料は順に混ぜ合わせておく。

3 **1**を食べやすい厚さのそぎ切りにして器に盛り、**2**のたれをかける。

これもおいしい　　レンジ蒸し鶏のねぎ塩マヨあえ

「レンジ蒸し鶏のねぎ塩だれがけ」のレンジ加熱した鶏肉は細かくほぐす。ねぎ塩だれの材料にマヨネーズ大さじ2を加えて混ぜ、鶏肉とあえる。

POINT
豚バラ薄切り肉は焼くと脂が溶け出して縮むので、大きめに切ると食べごたえが出ます。

焼き肉屋さんのあの味を再現!

ねぎ塩レモン豚バラ丼

6分でできる

材料 （2人分）

豚バラ薄切り肉 … 200g
塩、こしょう … 各適量
サラダ油 … 小さじ2
ねぎ塩だれ
　塩 … 小さじ½
　粗びき黒こしょう … 小さじ⅓
　にんにく（すりおろし） … 少々
　レモン汁 … 小さじ2
　ごま油 … 大さじ2
　小ねぎ（小口切り） … 8本
温かいごはん … 丼2杯分

作り方

1 **ねぎ塩だれ**の材料は順に混ぜ合わせておく。豚肉は長さを3〜4等分に切り、塩、こしょうをする。

2 フライパンにサラダ油を中火で熱し、**1**の豚肉を入れ、両面にカリッと焼き色がつくまで焼く。

3 器にごはんをよそい、**2**を盛って**1**のたれをのせる。

これもおいしい **ねぎ塩TKG**

温かいごはん茶碗2杯分に「ねぎ塩レモン豚バラ丼」の**ねぎ塩だれ**、卵黄2個分を等分にのせ、しょうゆ少々をたらす。

おしゃれなおつまみ、できあがり

まぐろのソテー ねぎ塩だれがけ

6分でできる

材料（2人分）

まぐろ（刺身用）
　… 1さく（180〜200g）
塩、こしょう … 各適量
バター … 10g
ねぎ塩だれ
　塩 … 小さじ½
　粗びき黒こしょう
　　… 小さじ⅓
　にんにく（すりおろし）
　　… 少々
　レモン汁 … 小さじ2
　オリーブオイル
　　… 大さじ2
　長ねぎ（粗みじん切り）
　　… ½本

作り方

1 まぐろは水けをふき、塩、こしょうを強めにふる。**ねぎ塩だれ**の材料は順に混ぜ合わせておく。

2 フライパンにバターを弱めの中火で溶かし、**1**のまぐろを入れて中火で全面合わせて3分ほど焼く。

3 **2**を食べやすい大きさに切り分けて器に盛る。**1**のたれをのせ、お好みでベビーリーフを添える。

白身魚の食べごたえがアップ！

たいのねぎ塩レンジ蒸し

7分でできる

材料（2人分）

たい … 2切れ
豆苗 … ½パック
塩 … 適量
しょうが（薄切り）… 2枚
酒 … 大さじ1
ねぎ塩だれ
　塩 … 小さじ½
　砂糖 … 小さじ1
　酢 … 小さじ2
　ごま油 … 大さじ2
　長ねぎ（粗みじん切り）
　　… ½本

作り方

1 豆苗は根元を切り落とし、長さを3等分に切り、耐熱皿に広げてのせる。たいは水けをふいて強めに塩をふり、酒をからめてから豆苗の上にのせる。しょうがをのせ、ふんわりとラップをかけて電子レンジで3分〜3分30秒加熱し、そのまま蒸らす。

2 **ねぎ塩だれ**の材料は順に混ぜ合わせておく。

3 器に**1**を盛り、**2**のたれをかけ、お好みでラー油をかける。

しょうがだれ

しょうがは少しクセのある食材のうまみも引き立ててくれます。すりおろしやみじん切りにして、オイルや塩などとあえるだけでシンプルなたれのできあがり。

POINT
豚こまに片栗粉をまぶして揚げ焼きに！ボリュームが出てごちそう感がアップします。

10分でできる

レンジで作れるしょうがだれはかんたん！

豚こまのカリッと焼きしょうがだれがけ

材料（2人分）

豚こま切れ肉 … 200g
塩、こしょう … 各適量
片栗粉 … 大さじ2
サラダ油 … 大さじ2
しょうがだれ
　しょうが（みじん切り） … 2かけ
　砂糖 … 小さじ2
　酢、みりん … 各小さじ4
　しょうゆ … 大さじ1
　ごま油 … 大さじ½

作り方

1 耐熱容器に**しょうがだれ**の材料のごま油以外を入れ、ラップをかけずに電子レンジで1分加熱し、ごま油を加えて混ぜておく。豚肉は塩、こしょうをして片栗粉をまぶす。

2 フライパンにサラダ油を中火で熱し、**1**の豚肉を広げて入れ、全体がカリッとするまで合計で5〜6分揚げ焼きにする。

3 器に**2**を盛り、**1**のたれをかけ、お好みで白髪ねぎをのせる。

これもおいしい 豚こまのカリッと焼きしょうがサラダ

水菜1〜2株は4cm長さに切る。「豚こまのカリッと焼きしょうがだれがけ」を作り、水菜とあえる。

POINT
いかは加熱しすぎるとかたくなるので、沸騰した湯に入れたら1〜2分でさっと引き上げるのがコツです。

10分でできる

いかと小松菜は同じ湯で時間差ゆで！

いかと小松菜のしょうがだれあえ

材料（2人分）

いか … 1〜2はい
（※1ぱいの大きさに
応じて数を調整する）

小松菜 … ½把（100g）

しょうがだれ
　しょうが（すりおろし）… 2かけ
　塩 … 小さじ⅓
　砂糖 … ふたつまみ
　ごま油 … 大さじ1

作り方

1 小松菜は4cm長さに切る。いかは軟骨、内臓、目、くちばしを取ってよく洗う。水けをふいて皮をむき、胴は3cm幅に切る。足は先端と大きな吸盤を切り落として食べやすい長さに切る。

2 鍋に湯を沸かし、沸騰したら**1**の小松菜をさっと塩ゆで（分量外）し、水にさらして水けをきる。同じ湯で**1**のいかをさっとゆで、ざるにあげて水けをきる。

3 ボウルに**しょうがだれ**の材料を入れて混ぜ合わせ、**2**を加えてあえる。

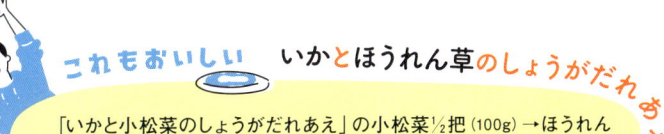

これもおいしい　いかとほうれん草のしょうがだれあえ

「いかと小松菜のしょうがだれあえ」の小松菜½把（100g）→ほうれん草½把（100g）に替える。ほうれん草は4cm長さに切り、同様に作る。

POINT
なすと油は相性抜群！サラダ油をまぶしてからレンチンするとしっとり蒸し上がります。

12分でできる

なすに肉のうまみを吸わせて
なすのレンジ牛肉巻きしょうが風味

材料（2人分）

牛ロース薄切り肉 … 8枚（200g）
なす … 2個
サラダ油 … 大さじ1
塩、こしょう … 各適量
しょうがだれ
　しょうが（粗みじん切り） … 2かけ
　砂糖 … 小さじ2
　酢、みりん、しょうゆ … 各大さじ1
　ごま油 … 大さじ½

作り方

1 しょうがだれの材料は混ぜ合わせておく。

2 なすは縦4等分に切り、サラダ油をまぶしておく。牛肉に塩、こしょうをし、なす1切れに1枚ずつきつく巻きつける。全部で8個作る。

3 耐熱皿に**2**の巻き終わりを下にして並べ、**1**のたれをまわしかける。ふんわりとラップをかけて電子レンジで4分加熱する。取り出して上下を返し、同様に2分加熱し、そのまま2分蒸らす。

これもおいしい　なすのレンジ豚バラ巻きしょうが風味

「なすのレンジ牛肉巻きしょうが風味」の牛ロース薄切り肉8枚（200g）
→豚バラ薄切り肉8枚（200g）に替え、同様に作る。

8分で
できる

食欲がないときでも食べられる！

ささみときゅうりの
しょうがだれあえ

材料（2人分）

鶏ささみ（筋なし）… 4本
きゅうり … 1本
A｜塩、こしょう … 各少々
　｜酒 … 大さじ1
しょうがだれ
　｜しょうが（すりおろし）
　｜　… 2かけ
　｜塩 … 小さじ⅓
　｜砂糖 … ふたつまみ
　｜ごま油 … 大さじ1

作り方

1 鶏ささみはフォークで全体を刺す。耐熱皿に入れてAをまぶし、ふんわりとラップをかけて電子レンジで3分加熱し、そのまま蒸らす。

2 きゅうりは縦半分に切ってから斜め8mm幅に切る。

3 ボウルにしょうがだれの材料を入れて混ぜ合わせる。1を大きめにほぐし、2とともに加えてあえる。

POINT
鶏ささみをレンチンしたらそのまま蒸し汁と一緒に蒸らすと驚くほどしっとりした口当たりに。

香ばしい焼き目にたれがマッチ！

焼き塩さばのしょうがだれがけ

材料（2人分）

塩さば（半身・骨取り済み）
　… 2枚（200g）
しょうがだれ
　｜しょうが（すりおろし）
　｜　… 2かけ
　｜塩 … 小さじ⅓
　｜砂糖 … ふたつまみ
　｜ごま油 … 大さじ1
薄力粉 … 適量
サラダ油 … 大さじ1

作り方

1 さばは水けをふき、薄力粉を薄くまぶす。しょうがだれの材料は混ぜ合わせておく。

2 フライパンにサラダ油を中火で熱し、さばの皮目を下にして2〜3分焼く。身が白くなってきたら裏返し、ふたをして弱火で2〜3分焼く。

3 器に2を盛り、1のたれをかける。

10分で
できる

オーロラソース

マヨネーズ大さじ2に、トマトケチャップ小さじ2。これがオーロラソースの黄金比です。レモン汁やにんにく、ごま油などをきかせてもおいしいです。

POINT

えびに片栗粉をまぶしてカリッと揚げ焼きにしたら、熱いうちにソースとあえるのがコツです。

10分でできる

オーロラソースがあればかんたん！

ぷりっぷり！えびマヨ

材料（2人分）

むきえび … 200〜250g
塩、こしょう、片栗粉、サラダ油
　　… 各適量
オーロラソース
　　マヨネーズ … 大さじ2
　　トマトケチャップ … 小さじ2
　　牛乳 … 大さじ1
　　ごま油 … 小さじ1
　　にんにく（すりおろし）… ¼かけ
レタス … 2枚

作り方

1 えびは背わたがあれば取り、塩もみ（分量外）して洗い、水けをきる。強めに塩、こしょうをして片栗粉をまぶす。

2 ボウルに**オーロラソース**の材料を入れて混ぜ合わせておく。

3 フライパンにサラダ油を深さ1cmほど注いで熱し、**1**のソースを入れて2〜3分揚げ焼きにして油をよくきる。熱いうちに**2**に加えてあえる。器に盛り、大きめにちぎったレタスを添える。

これもおいしい　えびマヨサンド

「ぷりっぷり！えびマヨ」を作る。食パン（8枚切り）4枚を用意し、パンの片面にマヨネーズ大さじ2を塗る。レタスはせん切りにして半量をパン1枚にのせ、えびマヨの半量ものせてもう1枚のパンではさむ。同様にもう1組作る。

**6分で
できる**

お子さまにも人気のサラダ

ゆで卵とアボカドの
オーロラサラダ

材料（2人分）

ゆで卵 … 2個
アボカド … 1個
ブロックベーコン … 40g
サラダ油 … 小さじ1

オーロラソース
　マヨネーズ … 大さじ2
　トマトケチャップ
　　… 小さじ2
　レモン汁 … 小さじ½

作り方

1 ベーコンは1cm厚さ×4cm長さの拍子木切りにする。フライパンにサラダ油を中火で熱し、ベーコンを2分焼いて取り出す。

2 ゆで卵は縦4等分に切る。アボカドは皮と種を取り、ひと口大に切る。

3 ボウルに**オーロラソース**の材料を混ぜ合わせ、**1**、**2**をさっくりあえる。

むね肉がとろけるほどやわらかい！

鶏むねのソテーオーロラソース

**10分で
できる**

材料（2人分）

鶏むね肉 … 1枚(300g)
塩、こしょう、薄力粉
　… 各適量
オリーブオイル … 大さじ1

オーロラソース
　マヨネーズ … 大さじ2
　トマトケチャップ
　　… 小さじ2
　牛乳 … 大さじ1
　ごま油 … 小さじ1
　にんにく（すりおろし）
　　… ¼かけ

作り方

1 鶏肉は観音開きにし、ラップをのせてめん棒でたたいて厚みを均一にする。フォークで全体を刺し、6等分に切る。塩、こしょうをして薄力粉をまぶす。**オーロラソース**の材料は混ぜ合わせておく。

2 フライパンにオリーブオイルを弱めの中火で熱し、**1**の鶏肉を2〜3分焼く。裏返してふたをし、2〜3分蒸し焼きにする。

3 器に**2**を盛って**1**のソースをかけ、お好みでパセリを添える。

**8分で
できる**

溶けるチーズを混ぜ込んで

ハムのオムレツオーロラソース

材料（2人分）

A｜卵 … 3個
　｜塩、こしょう … 各少々
　｜牛乳 … 大さじ2
スライスハム … 2枚
溶けるチーズ … 40g
サラダ油 … 小さじ1

オーロラソース
　マヨネーズ … 大さじ2
　トマトケチャップ
　　… 小さじ2
　レモン汁 … 小さじ½

作り方

1 ハムは半分に切ってから細切りにする。

2 ボウルに**A**を入れて混ぜ、**1**、溶けるチーズを加えて混ぜる。**オーロラソース**の材料は混ぜ合わせておく。

3 フライパンにサラダ油を中火で熱し、**2**の卵液を流し入れ、大きく混ぜて半熟状になったらオムレツ形に形を整える。器に盛り、**2**のソースをかけてお好みでドライバジルをふる。

これもおいしい ベーコンのオムレツオーロラソース

「ハムのオムレツオーロラソース」のスライスハム2枚→スライスベーコンに替える。ベーコンは細切りにし、同様に作る。

アンチョビソース

アンチョビはカタクチイワシを塩漬けして発酵させたもの。少量入れるだけでも存在感は抜群で、いつものおかずがレストラン級の味になります。

POINT
ペーストタイプのアンチョビを使うときは、大さじ½〜小さじ2くらいで分量を調整してください。

10分でできる

淡泊なたらがソースでリッチに！

たらのソテーアンチョビソース

材料（2人分）

生たら … 2切れ
塩、こしょう、薄力粉 … 各適量
アンチョビソース
　アンチョビフィレ（包丁で
　　細かくたたく）… 2枚
　にんにく（粗みじん切り）
　　… ½かけ
　塩 … ふたつまみ
　牛乳、オリーブオイル
　　… 各大さじ1
サラダ油 … 大さじ1

作り方

1 たらは水けをふいて塩、こしょうをふり、薄力粉をまぶす。**アンチョビソース**の材料は混ぜ合わせておく。

2 フライパンにサラダ油を中火で熱し、**1**のたらの盛りつけるとき上になるほうを下にして入れ、2〜3分焼く。焼き色がついたら裏返し、2〜3分焼き、器に盛る。

3 **2**のフライパンに**1**のソースを入れて1分ほど温める。**2**のたらにかけ、お好みでゆでブロッコリーを添える。

これもおいしい  さわらのソテーアンチョビソース

「たらのソテーアンチョビソース」のたら2切れ→さわら2切れに替え、同様に作る。

**3分で
できる**

人気のバルで食べるひと皿みたい

ほたてのカルパッチョ
アンチョビソース

材料（2人分）

ほたて（刺身用）… 100〜120g
ベビーリーフ … 適量

アンチョビソース
　アンチョビフィレ（包丁で
　　細かくたたく）… 2枚
　塩 … ひとつまみ
　砂糖 … 小さじ¼
　しょうゆ … 小さじ½
　酢 … 小さじ1
　オリーブオイル … 大さじ1

作り方

1 ほたては食べやすい厚さのそぎ切りにする。

2 アンチョビソースの材料は順に混ぜ合わせておく。

3 器に**1**とベビーリーフを盛り合わせ、**2**のソースをかける。

豚肉は小さめに切ると時短に！

ひと口ポークソテーアンチョビ風味

**10分で
できる**

材料（2人分）

豚ロースとんかつ用肉
　… 2枚
塩、こしょう … 各適量
バター … 10g

アンチョビソース
　アンチョビフィレ（包丁で
　　細かくたたく）… 2枚
　にんにく（粗みじん切り）
　　… ½かけ
　塩… ふたつまみ
　牛乳、オリーブオイル
　　… 各大さじ1

作り方

1 豚肉は包丁の背で全面をたたき、2cm角に切り、塩、こしょうをふる。**アンチョビソース**の材料は混ぜ合わせておく。

2 フライパンにバターを中火で熱し、**1**の豚肉を入れて2分焼く。焼き色がついたら裏返し、ふたをして3分蒸し焼きにし、器に盛る。

3 **2**のフライパンで**1**のソースを1分温める。**2**の豚肉にかけ、お好みでトマトのくし形切りを添える。

**10分で
できる**

ゆでてソースとあえるだけ！

たこのアンチョビパスタ

材料（2人分）

ゆでだこの足（刺身用）
　… 120g
スパゲッティ（7分ゆで）
　… 200g
バター … 10g

アンチョビソース
　アンチョビフィレ（包丁で
　　細かくたたく）… 3枚
　塩 … 小さじ¼〜⅓
　しょうゆ … 小さじ1
　砂糖 … ふたつまみ
　オリーブオイル … 大さじ2

作り方

1 フライパンに湯1.2ℓを沸かし、沸騰したら塩小さじ2（分量外）を加え、スパゲッティを表示通りにゆでる。

2 たこは8mm厚さに切る。**アンチョビソース**の材料は混ぜ合わせておく。

3 **1**がゆで上がったら湯をきってボウルに移し、スパゲッティが熱いうちにバター、**2**のたことソースを加えてあえる。器に盛り、お好みでドライパセリをふる。

これもおいしい　**えびのアンチョビパス**

「たこのアンチョビパスタ」のゆでだこの足（刺身用）120g→ゆでえび120gに替え、同様に作る。

梅だれ

冷蔵庫で眠っている梅干しがあったらもったいない！
軽く包丁でたたくだけで、おいしいたれに早変わりします。
海鮮はもちろん、肉料理のおいしさも引き立てます。

POINT
鶏ささみに衣をつける前に薄力粉を薄くまぶしておくと揚げても衣がはがれにくくなります。

10分でできる

揚げものなのにさっぱりいただける！

ささみの天ぷら梅だれ添え

材料（2人分）

鶏ささみ(筋なし) … 4本
塩、こしょう … 各少々
酒 … 大さじ1
薄力粉 … 適量
梅だれ
　梅干し(塩分8％・包丁で粗くたたく) … 1個
　かつお節 … 小½パック(1g)
　しょうゆ … 小さじ1
　みりん … 大さじ½〜小さじ2
　水 … 大さじ1
A 天ぷら粉 … 100g
　水 … 160g
サラダ油 … 適量

作り方

1 梅だれの材料のみりんは電子レンジで15〜20秒加熱し、残りの材料と混ぜ合わせておく。鶏ささみは縦斜め半分に切り、塩、こしょう、酒をもみ込み、薄力粉を薄くまぶす。

2 Aは混ぜ合わせておく。

3 フライパンにサラダ油を深さ2cmほど注いで170℃に熱し、**1**の鶏肉に**2**の衣をからめて1本ずつ入れる。衣がかたまってきたら、ときどき返して2〜3分揚げ、仕上げに火を強めて1分ほど揚げる。器に盛り、**1**のたれをつけて食べる。

これもおいしい かじきの天ぷら梅だれ添え

「ささみの天ぷら梅だれ添え」の鶏ささみ4〜5本→かじき3切れに替える。かじきはひと口大に切り、同様に塩、こしょう、酒をもみ込み、薄力粉を薄くまぶして作る。

オリーブオイルとの相性も◎

牛しゃぶの梅だれサラダ

材料（2人分）

牛しゃぶしゃぶ用肉
　… 200g
パプリカ（黄）… ¼個
サニーレタス … 2〜3枚
梅だれ
　梅干し（塩分8%・包丁で
　　粗くたたく）… 1個
　砂糖 … 小さじ2
　しょうゆ … 小さじ1
　酢 … 大さじ1
　オリーブオイル
　　… 大さじ1

作り方

1 鍋に水1ℓ、塩小さじ1（いずれも分量外）を入れて沸かし、沸騰したら酒大さじ1（分量外）を加える。ふつふつとするくらいの火加減で牛肉を広げて入れ、肉の色が変わるまでゆで、ざるにあげて水けをきる。パプリカは細切りにし、サニーレタスは手で食べやすい大きさにちぎる。

2 ボウルに梅だれの材料を順に入れて混ぜ合わせ、1を加えてあえる。

8分で
できる

梅好きにはたまらない味！

あじの梅なめろう

6分で
できる

材料（2人分）

あじ（3枚おろし・刺身用）
　… 2尾
青じそ（せん切り）… 4〜5枚
梅だれ
　梅干し（塩分8%・包丁で
　　粗くたたく）… 1個
　かつお節
　　… 小½パック（1g）
　しょうゆ … 小さじ1
　みりん（レンジ加熱15〜20秒）
　　… 大さじ½〜小さじ2
焼きのり … 適量

作り方

1 あじは小骨と皮を取り除き、細かめのぶつ切りにしてから包丁でたたく。

2 1に梅だれの材料を加えてたたき混ぜ、青じそも加えて混ぜる。

3 器に2を盛り、焼きのりを添える。

これもおいしい  あじの梅なめろう丼

「あじの梅なめろう」を作り、温かいごはん丼2杯分にのせる。

5分で
できる

どんな刺身にもベストマッチ

海鮮梅だれサラダ

材料（2人分）

サーモン（刺身用）… 50g
たい（刺身用）… 50g
ゆでえび … 50g
リーフレタス … 2枚
サラダ菜 … 2枚
梅だれ
　梅干し（塩分8%・包丁で
　　粗くたたく）… 1個
　砂糖 … 小さじ2
　しょうゆ … 大さじ½
　酢 … 大さじ1
　ごま油 … 大さじ1

作り方

1 サーモン、たいは1.5cm角に切る。リーフレタス、サラダ菜は手で食べやすい大きさにちぎる。

2 梅だれの材料は順に混ぜ合わせておく。

3 器に1の具材、ゆでえびを盛り合わせ、2のたれをかける。

あえるだけパスタ

パスタをゆでたら具材と調味料とあえるだけ！ゆで時間込みで
どれも10分以内！晩ごはんでもランチでも活躍すること間違いなしです。

10分でできる

マヨたっぷり！背徳感 MAX だけどやめられない！

鮭フレークのマヨしょうゆパスタ

材料（2人分）

スパゲッティ(7分ゆで)
　… 200g
鮭フレーク … 大さじ5
A｜マヨネーズ … 大さじ3
　｜しょうゆ … 大さじ1
刻みのり … 適量

作り方

1　フライパンに湯1.2ℓを沸かし、沸騰したら塩小さじ2（分量外）を加え、スパゲッティを表示通りにゆでる。

2　大きめのボウルに鮭フレーク、Aを入れて混ぜ合わせておく。

3　1がゆで上がったら湯をきり、2に加えてあえる。器に盛り、刻みのりをのせる。

これもおいしい コンビーフのマヨしょうゆパスタ

「鮭フレークのマヨしょうゆパスタ」の鮭フレーク大さじ5→コンビーフ1個（80g）に替える。同様に作り、粗びき黒こしょうをかける。

おもてなしでも喜ばれる♡

生ハムとモッツァレラチーズのパスタ

10分でできる

材料（2人分）

スパゲッティ(7分ゆで) … 200g
生ハム … 6枚
モッツァレラチーズ … 1個
ミニトマト … 4個
A｜塩 … 小さじ½
　｜オリーブオイル … 大さじ1と½
　｜にんにく(すりおろし) … 少々

作り方

1　フライパンに湯1.2ℓを沸かし、沸騰したら塩小さじ2（分量外）を加え、スパゲッティを表示通りにゆでる。

2　ミニトマトは4等分に切る。生ハムは3等分に切る。モッツァレラチーズは手でちぎる。大きめのボウルにAを入れて混ぜ、具材を加えてあえておく。

3　1がゆで上がったら湯をきり、2に加えてあえる。

これもおいしい ハムとクリームチーズのパスタ

「生ハムとモッツァレラチーズのパスタ」の生ハム6枚→ハム3枚、モッツァレラチーズ1個→クリームチーズ（個包装タイプ）3個に替える。ハムは半分に切ってから1cm幅に切り、クリームチーズは手で適当な大きさに割り、同様に作る。

和風カルボナーラ

10分でできる

材料（2人分）

スパゲッティ(7分ゆで) … 200g
A 卵 … 2個
　粉チーズ … 大さじ2
　白だし … 大さじ1
　塩、こしょう … 各少々
小ねぎ(小口切り) … 2本
かつお節 … 1パック(4g)

作り方

1 フライパンに湯1.2ℓを沸かし、沸騰したら塩小さじ2(分量外)を加え、スパゲッティを表示通りにゆでる。

2 ボウルにAを入れ、よく混ぜ合わせておく。

3 1がゆで上がったら湯をきり、2に加えてあえる。器に盛り、小ねぎ、かつお節をのせる。

たっぷりの豆苗でかさ増し！

ツナと豆苗のバターじょうゆパスタ

10分でできる

材料（2人分）

スパゲッティ(7分ゆで) … 200g
ツナ油漬け缶 … 小1缶(70g)
豆苗 … 1パック
A しょうゆ … 小さじ2
　塩、こしょう … 各少々
バター … 10g

作り方

1 豆苗は長さを半分に切る。フライパンに湯1.2ℓを沸かし、沸騰したら塩小さじ2(分量外)を加え、スパゲッティを表示通りにゆでる。ゆであがる1分前に豆苗を一緒にゆでる。

2 ボウルに缶汁をきったツナ、Aを入れてよく混ぜ合わせておく。

3 1がゆで上がったら湯を軽くきり、2に加え、バターも加えてあえる。

10分でできる

塩昆布のうまみがきいている

ゆで卵と塩昆布の和風パスタ

材料（2人分）

スパゲッティ(7分ゆで) … 200g
かに風味かまぼこ … 4本
ゆで卵 … 2個
A 塩昆布 … 10g
　めんつゆ(3倍濃縮) … 大さじ1と½
　ごま油 … 小さじ2
　塩、こしょう … 各少々

作り方

1 フライパンに湯1.2ℓを沸かし、沸騰したら塩小さじ2(分量外)を加え、スパゲッティを表示通りにゆでる。

2 かに風味かまぼこは手でさく。ゆで卵は4等分に切る。ボウルに入れ、Aと合わせておく。

3 1がゆで上がったら湯を軽くきり、2に加えてあえる。

ごまだれ

いりごまやすりごまに、基本調味料やマヨネーズを混ぜるだけ！独特の香りと風味豊かな味わいは食欲をガツンと刺激！市販のごまだれにはない格別なおいしさに出会えます。

12分でできる

POINT
豚肉をレンチンしたらそのまま蒸らすとしっとりとした口当たりに。たれは蒸らしている間に作って。

レンジであっという間にできちゃった

しっとりよだれ豚

材料（2人分）

豚ロースとんかつ用肉 … 2枚
A 塩 … 少々
　 酒 … 大さじ2
　 サラダ油 … 小さじ2
しょうが（薄切り）… 1枚
ごまだれ
　 すりごま（白）… 大さじ2と½
　 砂糖、しょうゆ … 各大さじ½
　 酢 … 大さじ1
　 マヨネーズ … 大さじ3
　 ごま油 … 小さじ2
　 ラー油 … 小さじ¼〜⅓
小ねぎ（小口切り）… 2〜3本

作り方

1 豚肉は室温にもどし、筋切りをする。耐熱皿にのせてAを順にからめてしょうがをのせる。ふんわりとラップをかけて電子レンジで3分〜3分30秒加熱し、そのまま蒸らす。

2 ごまだれの材料は混ぜ合わせておく。

3 1を食べやすい大きさのそぎ切りにし、2のたれをかけて小ねぎをのせる。

これもおいしい 蒸し豚とほうれん草のサラダ

「しっとりよだれ豚」を作り、豚肉はひと口大に切る。サラダほうれん草1把を用意して4cm長さに切り、器に豚肉と盛り合わせ、ごまだれをかける。

POINT
仕上げはラップをかけずにレンジ加熱します。たれにとろみがつくので味がよくなじみ、見映えもアップ！

10分でできる

豆腐入りでふんわりやわらか♡

鶏ひきと豆腐のレンジつくね

材料（2人分）

鶏ひき肉 … 250g
木綿豆腐 … ⅓丁（100g）
A 鶏ガラスープの素 … 小さじ1
　 塩、こしょう … 各適量
　 片栗粉 … 大さじ1
ごまだれ
　 いりごま（白）… 大さじ1
　 砂糖 … 大さじ1と½
　 しょうゆ … 大さじ2
　 酢 … 小さじ2

作り方

1 豆腐はキッチンペーパーで水けをおさえてボウルに入れる。ひき肉、Aを加えて練り混ぜ、6等分にして1cm厚さの小判形にまとめる。

2 耐熱皿にごまだれの材料を入れて混ぜ、**1**をのせて上下を返し、全体にたれをからめる。ふんわりとラップをかけて電子レンジで5分加熱する。ラップをはずして上下を返して全体にたれをからめ、ラップをかけずに電子レンジで1分加熱する。

これもおいしい　**豚ひきと豆腐のレンジつくね**

「鶏ひきと豆腐のレンジつくね」の鶏ひき肉250g→豚ひき肉250gに替え、同様に作る。

POINT

レンチンした鶏ささみは細かくほぐしてストックすると便利。日持ちは冷蔵で3日、冷凍で2週間保存可能です。

10分で
できる

マヨとごまのコクがたまらない！

ささみでレンジ棒々鶏

材料（2人分）

鶏ささみ（筋なし）… 4本

きゅうり … 1本

A | 塩、こしょう … 各少々
　| 酒 … 大さじ1

ごまだれ

　| すりごま（白）… 大さじ2と½
　| 砂糖、しょうゆ … 各大さじ½
　| 酢 … 大さじ1
　| マヨネーズ … 大さじ3
　| ごま油 … 小さじ2

作り方

1 鶏ささみはフォークで全体を刺す。耐熱皿に移してAをからめ、ふんわりとラップをかけて電子レンジで3分加熱し、そのまま蒸らす。

2 きゅうりは細切りにする。ごまだれの材料は混ぜ合わせておく。

3 器に2のきゅうりを敷き、手で食べやすい大きさにほぐした1をのせ、2のたれをかける。

これもおいしい　蒸し鶏ときゅうりの生春巻き

作り方1と同様にレンジ蒸し鶏を作り、鶏肉は細かくさき、きゅうりはせん切りにする。生春巻きの皮4枚はぬるま湯にさっとくぐらせてもどす。鶏肉、きゅうりを順にのせ、きつく巻く。全部で4個作り、ごまだれをつけて食べる。

5分でできる

もっちり食感がクセになる！

たいのごまだれ丼

材料（2人分）

たい（刺身用）
　… 1さく（200g）

ごまだれ

みりん …大さじ1
すりごま（白）…大さじ2
いりごま（白）、しょうゆ、
　ごま油 … 各大さじ1

温かいごはん … 丼2杯分
刻みのり … 適量

作り方

1 耐熱容器にみりんを入れ、ラップをかけずに電子レンジで20秒加熱する。粗熱がとれたら残りの**ごまだれ**の材料と混ぜ合わせる。

2 たいは水けをふき、食べやすい大きさにそぎ切りにし、**1**のたれとあえる。

3 器にごはんをよそい、**2**、刻みのりをのせる。

POINT
作りたてもおいしいですが、翌日までなら冷蔵で保存可能。たいのもっちり感も増します。

これもおいしい　たいのごまだれだし茶漬け

「たいのごまだれ丼」を作り、濃いめのだし汁1と½カップをかける。

絶対このたれで食べたい！

豚しゃぶのごまだれサラダうどん

10分でできる

材料（2人分）

豚ロースしゃぶしゃぶ用肉
　… 200g

ミニトマト … 6個
水菜 … 1～2株
冷凍うどん … 2玉

ごまだれ

すりごま（白）
　… 大さじ2と½
砂糖、めんつゆ（3倍濃縮）
　… 各大さじ½
酢 … 大さじ1
マヨネーズ … 大さじ3
ごま油 … 小さじ2

作り方

1 冷凍うどんは袋の表示通りに電子レンジで加熱し、冷水でしめて水けをきる。

2 鍋に水1ℓ、塩小さじ1（いずれも分量外）を入れて沸かし、沸騰したら酒大さじ1（分量外）を加える。ふつふつとするくらいの火加減で豚肉を広げて入れ、肉の色が変わるまでゆで、ざるにあげて水けをきる。ミニトマトは縦半分に切り、水菜は2cm幅に切る。**ごまだれ**の材料は混ぜ合わせておく。

3 器に**1**を盛り、**2**の豚肉と野菜を盛り合わせ、**2**のたれをまわしかける。

薬味だれ

しょうゆや酢、砂糖、ごま油をベースにしたたれにたっぷりの長ねぎや青じそを刻んで投入！存在感抜群の〝食べるおかずだれ〟の誕生です。

POINT
豚しょうが焼き用肉は厚すぎないので火の通りが早く、食べごたえもあるから揚げものや炒めものにおすすめ！

10分でできる

ごちそうだれがしみる！
豚肉の油淋鶏風

材料（2人分）

豚しょうが焼き用肉 … 8枚
塩、こしょう、片栗粉 … 各適量
サラダ油 … 大さじ3
薬味だれ
　しょうゆ … 大さじ3
　酢 … 大さじ2
　砂糖 … 小さじ4
　ごま油 … 大さじ1
　長ねぎ（粗みじん切り） … ½本
レタス（せん切り） … 適量

作り方

1 **薬味だれ**の材料は混ぜ合わせておく。豚肉に塩、こしょうをふり、片栗粉をまぶす。

2 フライパンにサラダ油を中火で熱し、**1**の豚肉を入れ、両面を合わせて4〜5分揚げ焼きにし、油をよくきる。

3 器にレタスを敷いて**2**を盛り、**1**のたれをかける。

これもおいしい　油淋鶏

「豚肉の油淋鶏風」の豚しょうが焼き用肉8枚→鶏もも肉1枚（300g）に替える。鶏肉は余分な筋と脂肪を取り、同様に塩、こしょうをふって片栗粉をまぶして作る。

POINT
あじはスーパーの魚コーナーでおろしてもらうか、フライ用におろしてあるものを買うのがおすすめ！

10分でできる

青じその風味がたまらない
あじのムニエル薬味だれがけ

材料（2人分）

あじ（3枚おろし）… 2尾
塩、こしょう、薄力粉 … 各適量
サラダ油 … 大さじ1
薬味だれ
　鶏ガラスープの素、砂糖
　　… 各大さじ½
　酢、しょうゆ … 各大さじ1と½
　ごま油 … 大さじ1
　青じそ（粗みじん切り）… 8〜10枚
ミニトマト … 4個

作り方

1 **薬味だれ**の材料は順に混ぜ合わせておく。ミニトマトは縦半分に切る。あじはぜいごと小骨を取り、塩、こしょうをふって薄力粉をまぶす。

2 フライパンにサラダ油を中火で熱し、**1**のあじを皮目から入れ、2分ほど焼く。焼き色がついたら裏返し、弱めの中火で2分ほど焼く。

3 器に**2**を盛って**1**のたれをかけ、ミニトマトを添える。

これもおいしい　**かじき**のムニエル薬味だれがけ

「あじのムニエル薬味だれがけ」のあじ（3枚おろし）2尾→かじき大2切れに替える。同様にかじきに塩、こしょうをふって薄力粉をまぶして作る。

**10分で
できる**

つるんとした食感はやみつき！

水晶鶏の薬味だれがけ

材料（2～3人分）

鶏むね肉 … 1枚（300g）
A ┌ 塩 … 小さじ¼
　　├ こしょう … 少々
　　└ 酒 … 大さじ1
片栗粉 … 大さじ4
薬味だれ
　┌ 鶏ガラスープの素、砂糖
　│　… 各大さじ½
　├ 酢、しょうゆ … 各大さじ1と½
　├ ごま油 … 大さじ1
　└ 青じそ（粗みじん切り）… 8～10枚

作り方

1 鶏肉はフォークで全体を刺し、繊維を断つようにしてひと口大のそぎ切りにする。**A**を順にもみ込み、片栗粉をまぶす。

2 鍋にたっぷりの湯を沸かし、沸騰したら**1**を1切れずつ入れ、4～5分ゆでる。火が通った順にざるにあげて冷まし、器に盛る。

3 ボウルに**薬味だれ**の材料を順に入れて混ぜ合わせ、**2**にかける。

これもおいしい　　ゆでたらの薬味だれがけ

「水晶鶏の薬味だれがけ」の鶏むね肉1枚（300g）→たら3切れに替える。たらは水けをふいて大きめのひと口大に切り、片栗粉をまぶして同様に作る。

みそでコク深さをプラス

5分で
できる

まぐろの和風ポキ

材料（2人分）

まぐろ（刺身用）
　… 1さく(150g)
アボカド … 1個(180g)
薬味だれ
　砂糖、酢、しょうゆ、
　　みそ、ごま油
　　　… 各小さじ1
　塩 … 少々
　小ねぎ（小口切り）
　　　… 2〜3本

作り方

1 まぐろは水けをふき、2cm角に切る。アボカドは種と皮を取り除き、2cm角に切る。

2 ボウルに薬味だれの材料を順に混ぜ合わせ、**1**を加えてさっくりあえる。

これもおいしい　**サーモンの和風ポキ**

「まぐろの和風ポキ」のまぐろ（刺身用）1さく(150g) →
サーモン（刺身用）1さく(150g) に替え、同様に作る。

このシンプルさがちょうどいい！

ゆでえびの薬味だれがけ

材料（2人分）

えび（殻付き）　10〜12尾
薬味だれ
　鶏ガラスープの素、
　　砂糖 … 各大さじ½
　酢、しょうゆ
　　　… 各大さじ1と½
　ごま油 … 大さじ1
　青じそ（粗みじん切り）
　　　… 8〜10枚

作り方

1 えびは背わたを取り、塩もみ（分量外）して流水で洗い、水けをきる。鍋に2と1/2カップの湯を沸かし、沸騰したら酒、塩各小さじ1（分量外）を加えて火を止める。えびを加えてふたをし、5分おいて余熱で火を通す。

2 薬味だれの材料は混ぜ合わせておく。

3 **1**の殻をむいて盛り、**2**のたれをかける。

POINT
えびは殻付きのまま湯の余熱を利用して火を通すと身が縮みにくく、しっとりぷりぷりに！むきえびなら3分ほどでOK！

10分で
できる

明太マヨソース

明太マヨソース

もはや説明いらずの大人気コンビですが牛乳やしょうゆを少し加えるとさらにおいしさがアップ！淡泊な食材はもちろん、こってり系のおかずにも合います。

POINT
鶏肉に火が早く通るように厚みをできるだけ均一にし、身の部分に切り込みを入れて焼きます。

13分でできる

カリカリに焼いてたれをかけて

チキンソテー明太マヨソース

材料（2人分）

鶏もも肉 … 1枚（300g）
塩 … 小さじ½
こしょう、薄力粉 … 各適量
サラダ油 … 大さじ1
明太マヨソース
　辛子明太子（薄皮から身をこそげ
　　出す） … ½腹（40g）
　マヨネーズ … 大さじ2
　牛乳 … 大さじ1
　しょうゆ … 小さじ½
スナップえんどう（筋とへたを取る）
　… 10〜12さや

作り方

1 **明太マヨソース**の材料は混ぜ合わせておく。鶏肉は余分な脂肪と筋を取り除き、包丁を入れて厚みを均一にし、半分に切って身の部分に数か所切り込みを入れる。塩、こしょうをふって薄力粉をまぶす。

2 フライパンにサラダ油を弱めの中火で熱し、**1**の皮目を下にして入れる。ときどきへらでギュッと押さえ、出てきた水分や脂をキッチンペーパーで取り除き、5〜6分焼く。同時に鶏肉の横にスナップえんどうを入れて3〜4分焼き、器に盛る。

3 **2**の鶏肉にこんがりと焼き色がついたら裏返し、ふたをして弱火で2〜3分焼く。**2**の器に盛り、**1**のソースをかける。

これもおいしい　**ポークソテー明太マヨソース**

「チキンソテー明太マヨソース」の鶏もも肉1枚（300g）→豚ロースとんかつ用肉2枚に替える。豚肉はp.62を参照して焼いて**明太マヨソース**をかける。

POINT
食材に均一に火が通るように途中で耐熱皿の向きを変えて。ただし、やけどに気をつけて!

12分でできる

ジュワッととろけるトマトに感激!

豚バラとトマトの明太マヨチーズ焼き

材料（2人分）

豚バラ薄切り肉 … 8枚
トマト … 2個
塩、こしょう … 各適量
明太マヨソース
　辛子明太子（薄皮から身をこそげ出す）
　　… 1/2腹（40g）
　マヨネーズ … 大さじ3
溶けるチーズ … 50g

作り方

1 明太マヨソースの材料は混ぜ合わせておく。

2 トマトは縦4等分に切る。豚肉は長さを半分に切り、トマトに巻いて塩、こしょうをする。

3 耐熱皿に**2**を並べ入れ、**1**を全体にかけて溶けるチーズをのせる。オーブントースターで焼き色がつくまで8〜10分焼く。

これもおいしい　ベーコンとトマトの明太マヨチーズ焼き

「豚バラとトマトの明太マヨチーズ焼き」の豚バラ薄切り肉8枚→スライスベーコン4枚に替える。ベーコンは長さを半分に切り、同様にトマトに巻いて塩、こしょうをして作る。

POINT
かじきは粗熱がとれてから明太マヨソースとあえて。味が全体にからみやすくなります。

10分でできる

淡泊な白身魚に合う

スティックかじきの明太マヨソースがらめ

材料（2〜3人分）

かじき … 3切れ
塩、こしょう、薄力粉 … 各適量
サラダ油 … 大さじ1
明太マヨソース
辛子明太子(薄皮から身をこそげ出す)
　… ½腹(40g)
マヨネーズ … 大さじ2
牛乳 … 大さじ1
しょうゆ … 小さじ½

作り方

1 ボウルに**明太マヨソース**の材料を混ぜ合わせておく。かじきは1.5cm幅で5cm長さのスティック状に切り、塩、こしょう、薄力粉をまぶす。

2 フライパンにサラダ油を中火で熱し、**1**のかじきを入れ、全体を4〜5分焼く。

3 **2**の粗熱がとれたら**1**のボウルに入れ、さっくりからめる。器に盛り、お好みで小ねぎの小口切りをのせる。

これもおいしい  いかの明太マヨソースがらめ

「スティックかじきの明太マヨソースがらめ」のかじき3切れ→いか1〜2はいに替える。いかはp.24を参照して下処理し、同様に塩、こしょう、薄力粉をまぶし、フライパンで1〜2分炒め、粗熱がとれたら**明太マヨソース**とからめる。

10分でできる

ささっと作れてボリュームも満点！

豆腐のステーキ
明太マヨソース

材料（2人分）

木綿豆腐 … 1丁(350g)
塩、こしょう、薄力粉
　　… 各適量
サラダ油 … 大さじ1
明太マヨソース
　辛子明太子(薄皮から
　　身をこそげ出す)
　　… ½腹(40g)
　マヨネーズ
　　… 大さじ2
　めんつゆ (3倍濃縮)、
　　ごま油 … 各小さじ1

作り方

1 豆腐は厚みを半分に切り、キッチンペーパーで包んで耐熱皿にのせ、電子レンジで3分加熱する。粗熱がとれたら塩、こしょうをして薄力粉をまぶす。

2 **明太マヨソース**の材料は混ぜ合わせておく。

3 フライパンにサラダ油を中火で熱し、**1**を入れてへらで押さえながら両面にカリッと焼き色がつくまで3〜4分焼く。器に盛り、**2**のソースをかける。

めんつゆをちょっぴりプラス

クリーミー明太マヨパスタ

10分でできる

材料（2人分）

スパゲッティ(7分ゆで)
　… 200g
明太マヨソース
　辛子明太子
　　… 小1腹(60g)
　マヨネーズ … 大さじ3
　牛乳 … 大さじ1と½
　めんつゆ (3倍濃縮)
　　… 小さじ2
オリーブオイル … 大さじ1
青じそ(せん切り) … 4〜5枚

作り方

1 フライパンに湯1.2ℓを沸かし、沸騰したら塩小さじ2 (分量外)を加え、スパゲッティを表示通りにゆでる。

2 大きめのボウルに**明太マヨソース**の明太子をキッチンばさみで細かく切って入れ、残りの調味料を加えて混ぜ合わせておく。

3 **1**がゆで上がったらざるにあげて湯をきり、オリーブオイルをからめる。熱いうちに**2**に加えてあえる。器に盛り、青じそをのせる。

これもおいしい　**クリーミー明太マヨうどん**

「クリーミー明太マヨパスタ」のスパゲッティ(7分ゆで)200g→冷凍うどん2玉に替える。うどんは袋の表示通りにレンジ加熱し、同様にオリーブオイル、**明太マヨソース**とあえる。

おろしだれ

しょうゆベースのおろしだれと、塩とレモンベースのおろしだれはハンバーグやとんかつ、卵焼きなどのいつものおかずにぴったり！かけるだけでワンランク上の味を堪能できます。

POINT

パックの中でひき肉に調味料を加えて箸でざっと混ぜるだけ！こねる必要がないので時短に。

14分でできる

パン粉や卵などのつなぎいらず

こねない和風ハンバーグ

材料（2人分）

合いびき肉 … 300g
A 塩 … 小さじ½
　こしょう … 少々
　マヨネーズ … 大さじ1
片栗粉 … 大さじ1
サラダ油 … 大さじ1
酒 … 大さじ2
おろしだれ
　大根おろし … 5〜6㎝
　しょうゆ … 大さじ1
　酢 … 小さじ2
　砂糖 … 小さじ½
B ホールコーン水煮缶
　　（缶汁をきる）… 1缶(120g)
　バター … 10g
　塩、こしょう … 各少々

作り方

1 おろしだれの材料は混ぜ合わせておく。耐熱容器にBを入れ、ふんわりとラップをかけて電子レンジで2分加熱し、混ぜる。

2 ひき肉はパックの中でAを先に加えて箸で混ぜ、続けて片栗粉を加えてざっと混ぜる。ラップをのせて手で軽く押さえながら表面を平らにならす。

3 フライパンにサラダ油を引き、ラップをはずして2の中身をパカッと入れ、へらで半分に分ける。強めの中火で2分ほど焼き、焼き色がついたら裏返し、酒をふってふたをして弱めの中火で6〜7分蒸し焼きにする。器に盛り、1のたれをかけてコーンを添える。

これもおいしい こねない和風チキンハンバーグ

「こねない和風ハンバーグ」の合いびき肉300g→鶏ひき肉300gに替え、同様に作る。

POINT
豚肉にパン粉をつけたら衣がはがれないように両手ではさんで密着させましょう。

やわらかくて食べやすい！

ひらひらとんかつの塩レモンおろしだれのせ

10分でできる

材料（2人分）

豚しょうが焼き用肉 … 8枚
塩、こしょう … 各適量
A｜マヨネーズ、薄力粉、水 … 各大さじ1
パン粉 … 適量
サラダ油 … 適量
おろしだれ
　大根おろし … 5〜6cm
　塩 … 小さじ⅓
　レモン汁 … 大さじ½
　ごま油 … 小さじ1
キャベツ（せん切り） … 適量

作り方

1 おろしだれの材料は混ぜ合わせておく。豚肉に塩、こしょうをふり、混ぜ合わせたAをからめ、全体にパン粉をしっかりまぶしつける。

2 フライパンに深さ2cmほどのサラダ油を注ぎ、中火で1の豚肉を上下を返しながら4〜5分揚げ焼きにし、油をよくきる。

3 器に2を盛り、1のたれをかけてキャベツを添える。

これもおいしい ささみフライの塩レモンおろしだれのせ

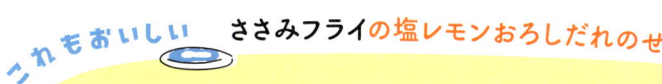

「ひらひらとんかつの塩レモンおろしだれのせ」の豚しょうが焼き用肉8枚→鶏ささみ（筋なし）4本に替える。鶏肉は斜め縦半分に切って同様に塩、こしょうをし、混ぜ合わせたAをからめ、全体にパン粉をしっかりまぶしつけて作る。

POINT
肉の両面をフォークで細かく刺しておくと、特売肉のステーキでもかたくならず、ジューシーに。

12分でできる

焼き方がおいしさを左右する！

牛ステーキ塩レモンおろしだれのせ

材料（2人分）

牛ステーキ用肉 … 2枚
塩 … 小さじ½強
粗びき黒こしょう … 適量
サラダ油 … 大さじ½
おろしだれ
　大根おろし … 5〜6cm
　塩 … 小さじ⅓
　レモン汁 … 大さじ½
　ごま油 … 小さじ1

作り方

1 おろしだれの材料を混ぜ合わせておく。牛肉は大きめのフォークで両面を細かく刺す。焼く直前に塩、粗びき黒こしょうをふる。

2 フライパンにサラダ油を煙が出るまで強めの中火で熱し、**1**の牛肉を盛りつけるときに上になるほうを下にして入れる。1分〜1分30秒焼いたら、裏返して1分〜1分30秒焼き、取り出してアルミホイルで包んでそのまま5分休ませる。

3 器に**2**を盛って**1**のたれをかけ、お好みで水菜のざく切りを添える。

これもおいしい  和風牛ステーキ丼

「牛ステーキ塩レモンおろしだれのせ」を作り、焼いた牛肉は食べやすい大きさに切り分ける。ごはん丼2杯分に牛肉をのせ、おろしだれをのせ、しょうゆ適量をかける。

14分でできる

青じそを混ぜ込んでさわやかさアップ！

さんまの塩焼き おろしだれ添え

材料（2人分）

さんま … 2尾
塩 … 小さじ⅓～½
おろしだれ
　大根おろし … 5～6㎝
　しょうゆ … 大さじ1
　酢 … 小さじ2
　砂糖 … 小さじ½
　青じそ（せん切り）
　　… 3～4枚

作り方

1 **おろしだれ**の材料は混ぜ合わせておく。さんまは水けをふいて長さを半分に切る。表面全体に数か所切り込みを入れ、全体に塩をふる。

2 フライパンにくっつきにくいタイプのアルミホイルを敷き、**1**のさんまを入れる。弱めの中火で4～5分焼き、裏返して4～5分焼く。脂が多すぎる場合はキッチンペーパーでふき取る。

3 器に**2**を盛り、**1**のたれを添える。

ごま油をおろしだれのかくし味に

だし巻き卵の塩レモンおろしだれ添え

7分でできる

材料（2人分）

卵 … 3個
A ｜白だし … 小さじ2
　｜水、酒 … 各大さじ1
サラダ油 … 適量

おろしだれ
大根おろし … 5～6㎝
塩 … 小さじ⅓
レモン汁 … 大さじ½
ごま油 … 小さじ1

作り方

1 ボウルに卵を割り入れ、切るようにしながら泡立てずに溶きほぐし、**A**を加えて混ぜる。**おろしだれ**の材料は混ぜ合わせておく。

2 卵焼き用フライパンにサラダ油を中火で熱し、**1**の卵液の1/3量を流し入れ、全体に広げる。半熟状になったら弱火にし、奥から手前に巻いて卵焼きを奥に移動させ、油をなじませる。さらに卵液の1/3量を流し入れ、少しかたまってきたら、くるくると巻く。もう一度奥に移動させ、残りも同様に焼き、巻いて形を整える。

3 **2**をキッチンペーパーの上に取り出して、包んで形を整え、食べやすい大きさに切り分ける。器に盛り、**1**のたれを添える。

チリソース

トマトケチャップをベースに、砂糖やレモン汁、しょうゆや豆板醤などを加えて作るチリソース。いつものおかずが一気にエスニックな雰囲気に！

POINT
ボリュームが足りないときはかさ増しに卵や厚揚げ、はんぺん、ちくわなどを加えてもおいしく作れます。

10分でできる

理想のチリソースができた！

えびのチリソース

材料（2人分）

むきえび … 250g
塩、こしょう、片栗粉 … 各適量
ごま油 … 大さじ2
長ねぎ（粗みじん切り） … ½本
にんにく（粗みじん切り） … ½かけ

チリソース
　トマトケチャップ … 大さじ3
　酒 … 大さじ1
　砂糖、酢 … 各大さじ½
　鶏ガラスープの素 … 小さじ1
　しょうゆ … 小さじ2
　豆板醤 … 小さじ¼〜⅓
　水 … 大さじ6

作り方

1 えびは背わたがあれば取り、塩もみ（分量外）して洗い、水けをきる。強めに塩、こしょうをして片栗粉をまぶす。**チリソース**の材料は混ぜ合わせておく。

2 フライパンにごま油大さじ1を中火で熱し、**1**のえびを2〜3分炒め、一度取り出す。

3 **2**のフライパンに残りのごま油を弱めの中火で熱し、長ねぎ、にんにくを炒める。香りが出てきたら**1**のソースを加えて火を少し強めて煮立てる。**2**のえびを戻し入れ、全体に少しとろみがつくまで炒め煮にする。器に盛り、お好みで刻みねぎをのせる。

これもおいしい　**ささみ**のチリソース

「えびのチリソース」のむきえび250g→鶏ささみ（筋なし）5本に替える。鶏ささみはひと口大のそぎ切りにし、同様に強めに塩、こしょうをして片栗粉をまぶして作る。

思わず手が伸びるおいしさ♪
手羽中のチリソースがらめ

12分でできる

材料（2人分）
鶏手羽中 … 14〜16本
塩、こしょう … 各適量
サラダ油 … 大さじ1
バター … 10g
チリソース
　トマトケチャップ
　　… 大さじ3
　酒 … 大さじ1
　砂糖、酢 … 各大さじ1/2
　しょうゆ … 小さじ2
　豆板醤
　　… 小さじ1/4〜1/3

作り方
1 手羽中は水けをふき、骨にそって1本切り込みを入れ、塩、こしょうをふる。**チリソース**の材料は混ぜ合わせておく。

2 フライパンにサラダ油を中火で熱し、**1**の手羽中を皮目から入れ、上下を返しながら7〜8分焼く。

3 余分な脂をふき、バター、**1**のソースを加えて煮からめる。

このソースなら何個でもいけちゃう
サーモンとクリームチーズの生春巻き

10分でできる

材料（2人分）
生春巻きの皮 … 4枚
スモークサーモン
　… 4枚（60g）
クリームチーズ（個包装タイプ）
　… 4個
レタス … 4枚
小ねぎ … 2本
チリソース
　レモン汁、水、トマト
　　ケチャップ … 各大さじ1
　しょうゆ … 小さじ1
　はちみつ … 小さじ1/2
　豆板醤 … 小さじ1/3

作り方
1 レタスは太めの細切りにする。小ねぎは長さを2〜3等分に切る。クリームチーズは1個を3等分に切る。**チリソース**の材料は混ぜ合わせておく。

2 生春巻きの皮はぬるま湯にさっとくぐらせてもどす。スモークサーモン、クリームチーズ、レタス、小ねぎの順に等分にのせ、きつく巻く。全部で4個作る。

3 器に**2**を盛り、**1**のソースをつけて食べる。

8分でできる

ソースのうまさが映える
エスニック風ベーコンエッグ丼

材料（2人分）
卵 … 2個
スライスベーコン … 4枚
サラダ油、塩、こしょう
　… 各適量
チリソース
　トマトケチャップ、水
　　… 各大さじ1
　砂糖 … 小さじ1/2
　レモン汁、しょうゆ
　　… 各小さじ1
　豆板醤
　　… 小さじ1/4〜1/3
温かいごはん … 丼軽く2杯分

作り方
1 ベーコンは長さを半分に切る。**チリソース**の材料は混ぜ合わせておく。

2 フライパンにサラダ油を薄く引いて中火にかけ、ベーコンを焼く。焼き色がついたら裏返して取り出す。サラダ油大さじ1を足して卵を割り入れ、塩、こしょうをふってお好みのかたさになるまで焼く。

3 器にごはんをよそい、**2**をのせて**1**のソースをかける。

ハニーマヨソース

マヨネーズとはちみつは、意外にも相性のいい組み合わせ。マヨの酸味がやわらいで一層まろやかなソースになります。粒マスタードやソースをプラスして味の変化を楽しんで。

POINT
粗く刻んだ豚肉に塩を加えて手で30回ほどもみ込んで!肉同士が結着してプリッとした弾力感が生まれます。

12分でできる

記憶に残るリッチな食べごたえ♪

豚こまバーグマスタードマヨソース

材料（2人分）

豚こま切れ肉 … 250g
塩 … 小さじ½
A | 酒 … 大さじ1
　 | にんにく（すりおろし）… ½かけ
　 | 片栗粉 … 大さじ1
オリーブオイル … 大さじ1
ハニーマヨソース
　 | 粒マスタード、マヨネーズ
　 | 　… 各大さじ2
　 | 牛乳 … 大さじ1
　 | はちみつ … 小さじ2
　 | しょうゆ … 小さじ1

作り方

1 ハニーマヨソースの材料は混ぜ合わせておく。ボウルに豚肉を入れ、キッチンばさみで粗く刻む。塩を加えてしっかりもみ込み、Aを順に加えて混ぜ合わせる。4等分にして直径5〜6cmの楕円形に形を整える。

2 フライパンにオリーブオイルを引いて1を入れる。中火で熱して2〜3分焼き、焼き色がついたら裏返し、ヘラで押さえて1分ほど焼く。水大さじ3（分量外）をふり、ふたをして弱めの中火で5〜6分焼く。

3 器に2を盛り、1のソースをかけてお好みでサラダ菜を添える。

これもおいしい　牛こまバーグマスタードマヨソース

「豚こまバーグマスタードマヨソース」の豚こま切れ肉250g→牛こま切れ肉250gに替え、同様に作る。

10分でできる

おうちナゲットは、実はかんたん！

チキンナゲットハニーマヨソース

材料（10個分）

鶏ももひき肉 … 300g
ツナ油漬け缶 … 小1缶(70g)
A 塩 … 小さじ½
粉チーズ、マヨネーズ … 各大さじ1
片栗粉 … 大さじ2
こしょう … 少々
ハニーマヨソース
マヨネーズ … 大さじ2
ウスターソース … 小さじ1
はちみつ … 小さじ1
サラダ油 … 適量

作り方

1 ハニーマヨソースの材料は混ぜ合わせておく。

2 ボウルにひき肉、缶汁をきったツナ、Aを入れてよく練り混ぜる。10等分にして平たい精円形に形を整える。

3 フライパンにサラダ油を深さ1cmほど注いで170℃に熱し、2を入れる。ときどき上下を返しながら5〜6分揚げ、油をよくきる。器に盛り、1のソースをつけて食べる。

いつもの鮭がおしゃれなフレンチに

鮭のソテーハニーマヨソース

10分でできる

材料（2人分）

生鮭 … 2切れ
塩、こしょう、薄力粉 … 各適量
オリーブオイル … 大さじ1
ハニーマヨソース
マヨネーズ … 大さじ2
レモン汁 … 小さじ1
はちみつ … 小さじ1

作り方

1 ハニーマヨソースの材料は混ぜ合わせておく。鮭は水けをふき、塩、こしょうを強めにふり、薄力粉をまぶす。

2 フライパンにオリーブオイルを中火で熱し、1の鮭を盛りつけるとき上になるほうを下にして入れ、2〜3分焼く。焼き色がついたら裏返し、2〜3分焼く。

3 器にお好みでブロッコリースプラウトを敷く。2を盛り、1のソースをかける 。

10分でできる

粒マスタードの存在感が際立つ

アスパラの肉巻きマスタードマヨソース

材料（2〜3人分）

豚ロースしゃぶしゃぶ用肉 … 8〜10枚
アスパラガス … 5本
片栗粉、塩、こしょう … 各適量
サラダ油 … 大さじ1
酒 … 大さじ1
ハニーマヨソース
粒マスタード、マヨネーズ … 各大さじ2
牛乳 … 大さじ1
しょうゆ … 小さじ1
はちみつ … 小さじ2

作り方

1 ハニーマヨソースの材料は混ぜ合わせておく。アスパラガスは根元を少し切り落とし、かたい部分の皮をピーラーでむき、長さを半分に切る。片栗粉を薄くふった豚肉で巻き、手でぎゅっとにぎり、塩、こしょうをふる。

2 フライパンにサラダ油を中火で熱し、1の巻き終わりを下にして入れ、とじめがくっついたら転がしながら焼く。酒をふり、ふたをして弱めの中火で3〜4分蒸し焼きにする。

3 器に2を盛り、1のソースをかける。

高菜だれ

高菜のしょうゆ漬けを刻んだものをベースに、しょうゆや酢、ごま油などで仕立てる風味抜群のたれ。明太子との相性も最高なので、ぜひ試してみてください。

POINT
湿らせたキッチンペーパーとラップを使ってレンジ加熱すれば、蒸し器がなくてもジューシーな食感に!

13分でできる

二度づけ、三度づけしちゃう

包まない豚シュウマイ高菜だれ添え

材料（8個分）

豚ひき肉 … 250g
塩 … 小さじ¼
A 長ねぎ（粗みじん切り）… ½本
　　オイスターソース、片栗粉
　　　… 各大さじ1
　　ごま油 … 小さじ1
シュウマイの皮 … 20枚
高菜だれ
　　刻み高菜のしょうゆ漬け
　　　… 40g
　　しょうゆ、酢 … 各大さじ1
　　砂糖 … 小さじ½
　　ごま油 … 大さじ1
レタス … 3枚

作り方

1 シュウマイの皮は半分に切り、2mm幅の細切りにしてバットに広げておく。高菜だれの材料は混ぜ合わせておく。

2 ボウルにひき肉と塩を入れて粘りが出るまで混ぜる。Aを加えてさらに混ぜ、8等分にして丸める。1のシュウマイの皮をまぶしつけ、軽くにぎって密着させる。全部で8個作る。

3 耐熱皿に大きめにちぎったレタスを敷き、2を間隔を空けて並べる。湿らせたキッチンペーパーをかぶせてからラップをふんわりとかけ、電子レンジで5〜6分加熱し、そのまま蒸らす。器に盛り、1のたれをつけて食べる。

これもおいしい 包まない鶏シュウマイ高菜だれ添え

「包まない豚シュウマイ高菜だれ添え」の豚ひき肉250g→鶏ひき肉250g、長ねぎ（粗みじん切り）½本→玉ねぎ（粗みじん切り）¼個に替え、同様に作る。

いかのうまみが引き立つ

いかチヂミ高菜だれ添え

10分でできる

材料（2人分）

いかのげそ … 140g
玉ねぎ … ½個
サラダ油、ごま油
　… 各大さじ1
A　薄力粉 … 大さじ5
　片栗粉 … 大さじ2
　塩 … 小さじ⅓
　水 … 大さじ3
高菜だれ
　刻み高菜のしょうゆ漬け
　　… 40g
　しょうゆ、酢 … 各大さじ1
　砂糖 … 小さじ½
　ごま油 … 大さじ1

作り方

1 玉ねぎは薄切りにする。いかは水けをふき、食べやすい大きさに切る。高菜だれの材料は混ぜ合わせておく。

2 ボウルにAを入れてざっと混ぜ、1の玉ねぎといかを加えて混ぜる。

3 フライパンにサラダ油を中火で熱し、2を丸く流し入れ、2〜3分焼く。焼き色がついたら裏返し、ごま油を足してへらで押さえながらカリッとするまで2〜3分焼く。食べやすい大きさに切って器に盛り、1のたれをかけて食べる。

明太子と高菜のコンビが秀逸

さわらの高菜明太だれがけ

8分でできる

材料（2人分）

さわら … 2切れ
白菜 … 2〜3枚
A　塩 … 小さじ¼
　酒 … 大さじ1
しょうが（薄切り） … 2枚
高菜だれ
　刻み高菜のしょうゆ漬け
　　… 40g
　辛子明太子（薄皮から
　　身をこそげ出す）
　　… ½腹（40g）
　砂糖 … 小さじ½
　しょうゆ … 小さじ2
　酢、ごま油 … 各大さじ1

作り方

1 白菜は3cm幅に切り、耐熱皿に広げてのせる。さわらは水けをふいてAをからめ、白菜の上にのせる。しょうがをのせ、ふんわりとラップをかけて電子レンジで4〜5分加熱する。高菜だれの材料は混ぜ合わせておく。

2 器に1のさわらと白菜を盛り、1のたれをかける。

高菜の存在感は主役級

高菜明太と焼き豚の卵チャーハン

10分でできる

材料（2人分）

温かいごはん … 400g
焼き豚 … 60g
卵 … 1個
サラダ油 … 大さじ1と½
高菜だれ
　刻み高菜のしょうゆ
　　漬け … 50g
　辛子明太子（薄皮から
　　身をこそげ出す）
　　… ½腹（40g）
　砂糖 … 小さじ½
　しょうゆ … 小さじ2
　酢、ごま油 … 各大さじ1

作り方

1 ボウルに卵を溶きほぐす。焼き豚は1.5cm四方に切る。高菜だれの材料は混ぜ合わせておく。

2 フライパンにサラダ油大さじ1を中火で熱し、1の卵液、ごはんを入れ、へらで混ぜながらパラパラになるまで炒め、一度取り出す。

3 2のフライパンに残りのサラダ油を足して1の焼き豚を炒める。少しカリッとしたら、1のたれを加えて汁けをとばし、2の卵を戻し入れて手早く炒め合わせる。

フライパンでおつまみ

フライも串焼きもぜ〜んぶフライパン1つで完成！ビールやワイン、日本酒のおともにぜひ作ってみてください。

6分でできる

衣は二度づけするとチーズがはみ出ない

カマンベールチーズのフライ

材料（2人分）

カマンベールチーズ
（個包装タイプ）… 6個
A 卵 … 1個
薄力粉 … 大さじ2
牛乳 … 大さじ1
塩 … 小さじ⅛
こしょう … 少々
パン粉、サラダ油
… 各適量

作り方

1 Aは混ぜ合わせておく。

2 カマンベールチーズに1をつけてパン粉をまぶす。もう一度1をつけてパン粉をまぶす。

3 フライパンにサラダ油2cmほどを入れて中火で熱し、2の全体にカリッと焼き色がつくまで揚げ焼きにし、油をよくきる。

6分でできる

甘辛だれと相性バッチリ！

ハムとうずら卵の串焼き

材料（2人分）

スライスハム … 6枚
うずら卵水煮 … 6個
サラダ油 … 小さじ1
A しょうゆ、みりん
… 各大さじ1
砂糖 … 小さじ1

作り方

1 ハムは1.5cm四方に切る。長めの楊枝に重ねたハム、うずら卵、重ねたハムの順に刺す。全部で6本作る。

2 Aは混ぜ合わせておく。

3 フライパンにサラダ油を弱めの中火で熱し、1を上下を返しながら2分ほど焼く。混ぜ合わせた2を加えて煮立て、全体にからめる。

これもおいしい　プロセスチーズのフライ

「カマンベールチーズのフライ」のカマンベールチーズ（個包装タイプ）6個→プロセスチーズ（個包装タイプ）6個に替える。パン粉にドライパセリ小さじ½を混ぜ、同様に作る。

10分でできる

チーズはできるだけ薄く広げて焼いて

枝豆＆コーンのパリパリチーズ

材料（作りやすい分量）

溶けるチーズ … 40g
ホールコーン水煮缶、
むき枝豆（冷凍）
… 各適量

作り方

1 コーンは缶汁をきる。枝豆は水けをふく。

2 溶けるチーズは6等分にし、フライパンに間隔を空けて薄く丸くおく。コーンと枝豆を2〜3粒ずつ等分にのせる。

3 弱火にかけ、チーズが溶けてまわりがカリッとするまで4〜6分焼く。オーブンシートにのせて冷ます。

6分でできる

刻み青じそがアクセント！

はんぺんの明太マヨはさみ焼き

材料（2人分）

はんぺん … 1枚
青じそ … 2枚
A 辛子明太子（薄皮から
身をこそげ出す）
… ¼腹（20g）
マヨネーズ
… 小さじ2
サラダ油 … 小さじ1

作り方

1 青じそは粗みじん切りにし、Aと混ぜ合わせておく。

2 はんぺんは斜め半分に切り、断面に切り込みを入れてポケット状にする。1を等分に詰める。

3 フライパンにサラダ油を中火で熱し、2を並べて両面に焼き色がつくまで2〜3分焼く。

10分で
さっと煮100品！

「こんなにかんたんでいいの!?」と疑いたくなるほど、
味わい深い煮ものが鍋でさっと煮るだけで完成しちゃいます。
クリーム煮、塩煮、甘辛煮、辛うま煮など
その日の気分でお好きな味つけを自由に選んでくださいね。

クリーム煮

リッチな味わいにしたいときは、牛乳や生クリームでさっと煮てクリーム風味に！洋風はもちろん、和風や中華風にもよく合います。

牛乳とチーズだけで驚きのコク！

鶏もものカルボナーラ風煮込み

材料（2人分）

鶏もも肉 … 1枚（300g）
ブロックベーコン … 80g
ブロッコリー … ½株
塩、こしょう、薄力粉 … 各適量
オリーブオイル … 大さじ1
A｜牛乳 … 1カップ
　｜にんにく（粗みじん切り）… ½かけ
　｜顆粒コンソメスープの素 … 大さじ½
溶けるチーズ … 40g
粗びき黒こしょう … 適量

作り方

1 ブロッコリーは小さめの小房に分ける。ベーコンは5mm幅に切ってから3等分に切る。鶏肉は余分な脂肪と筋を取ってひと口大に切り、塩、こしょうを強めにふり、薄力粉をまぶす。

2 鍋か深めのフライパンにオリーブオイルを中火で熱し、**1**の鶏肉を皮目から入れて3分焼く。焼き色がついたら裏返して弱めの中火にし、鶏肉の横にベーコンを入れ、同時に2分ほど焼く。

3 **2**にAを加えて混ぜ、煮立ったらブロッコリーを加え、ふたをして弱めの中火でときどき混ぜながら4～5分蒸し煮にする。溶けるチーズを加えて混ぜ、チーズが溶けたら火を止める。器に盛り、粗びき黒こしょうをかける。

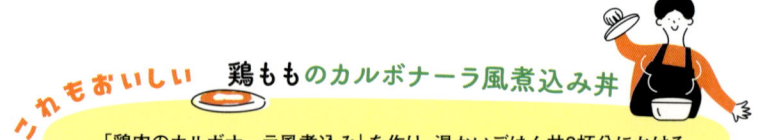

これもおいしい　鶏もものカルボナーラ風煮込み丼

「鶏肉のカルボナーラ風煮込み」を作り、温かいごはん丼2杯分にかける。

POINT

クリーム煮は味がぼやけないように鶏肉に塩、こしょうを強めにふって下味をしっかりつけてください。

POINT

豚バラ肉とキャベツを重ねて蒸し煮にすることで、肉のうまみをキャベツに吸わせます。

10分でできる

こっくり&さっぱり！

豚バラとキャベツのレモンクリーム煮

材料（2人分）

豚バラ薄切り肉 … 200g
キャベツ … ¼個
レモン（輪切り）… 3枚
A｜牛乳、生クリーム … 各½カップ
　｜塩 … 小さじ½
　｜酒 … 大さじ3
　｜こしょう … 少々

作り方

1 豚肉は5cm幅に切る。キャベツは大きめのざく切りにする。Aは混ぜ合わせておく。

2 鍋か深めのフライパンにキャベツ、豚肉、レモンの順に重ね入れ、混ぜ合わせたAを注ぐ。中火にかけ、ふつふつとしてきたらふたをして弱めの中火で7〜8分蒸し煮にする。

これもおいしい **豚バラとキャベツのみそクリーム煮**

「豚バラとキャベツのレモンクリーム煮」の**A**を牛乳、生クリーム各½カップ、みそ大さじ1、酒大さじ3、塩、砂糖各少々に替え、レモン（輪切り）を入れずに同様に作る。

POINT
生クリームを使っているのでボソボソにならないよう、煮立たせない火加減でふたをして蒸し煮にします。

10分でできる

高級中華店のあの味を再現！

えびとチンゲン菜の中華クリーム煮

材料（2人分）

むきえび … 200g
チンゲン菜 … 2株
ごま油 … 大さじ1
A　水、生クリーム … 各½カップ
　　鶏ガラスープの素、酒 … 各大さじ1
水溶き片栗粉
　　片栗粉 … 大さじ½
　　水 … 大さじ1

作り方

1 えびは背わたがあれば取り、塩もみ（分量外）して洗い、水けをきる。チンゲン菜は軸と葉に分け、軸は縦4等分に切り、葉は半分に切る。Aは混ぜ合わせておく。

2 フライパンにごま油を中火で熱し、1のえびを2分ほど炒める。えびの色が変わったらチンゲン菜の軸、葉の順でさっと炒める。

3 混ぜ合わせたAを加えてふつふつとしてきたら、ふたをして弱火で3〜4分蒸し煮にする。水溶き片栗粉を加えて少し火を強め、混ぜながらとろみがつくまで煮る。

これもおいしい　**かじきとチンゲン菜の中華クリーム煮**

「えびとチンゲン菜の中華クリーム煮」のむきえび200g→かじき3切れに替える。かじきはひと口大に切り、塩、こしょうをふり、薄力粉をまぶして同様に作る。

10分でできる

お手軽な塩鮭を使います

鮭としめじの豆乳クリーム煮

材料（2人分）

甘塩鮭 … 3切れ
しめじ … 1パック
薄力粉 … 適量
サラダ油 … 小さじ2
A　しょうが（すりおろし）
　　　… 1かけ
　　水 … ½カップ
　　酒 … 大さじ1
　　しょうゆ … 小さじ1
　　　〜大さじ½
　　みそ … 小さじ1
無調整豆乳 … ¾カップ
水溶き片栗粉
　　片栗粉 … 小さじ1
　　水 … 小さじ2

作り方

1 しめじは根元を切り落とし、小房に分ける。鮭は水けをふき、骨を取り除いて3等分に切り、薄力粉をまぶす。Aは混ぜ合わせておく。

2 フライパンにサラダ油を中火で熱し、1の鮭を焼く。焼き色がついたら裏返して1〜2分焼く。鮭の横にしめじを入れ、同時に1分ほど焼く。

3 2に混ぜ合わせたAを加える。煮立ったら、豆乳も加えてふたをして弱めの中火で2分蒸し煮にする。水溶き片栗粉を加え、混ぜながらとろみがつくまで煮る。

11分でできる

パンに合うから朝食にもおすすめ！

ウインナーとかぼちゃのミルク煮

材料（2人分）

ウインナーソーセージ
　　… 4〜5本
かぼちゃ … ⅙個（300g）
玉ねぎ … ½個
バター … 10g
A　牛乳 … 1カップ
　　水 … ½カップ
　　顆粒コンソメ
　　　スープの素
　　　… 小さじ1
塩、こしょう … 各適量

作り方

1 かぼちゃは2cm角に切り、玉ねぎは薄切りにする。ウインナーは斜め3〜4等分に切る。

2 鍋にバターを中火で溶かし、1を入れて2分ほど炒める。

3 2にAを加えて混ぜる。ふつふつとしてきたら、ふたをして弱めの中火で5〜6分蒸し煮にし、塩、こしょうで味をととのえる。

**8分で
できる**

やさしい味わいが体にしみる！

豚しゃぶと白菜の
ごま豆乳鍋

材料（2人分）

豚ロースしゃぶしゃぶ用肉
　　… 200g
白菜 … ⅙株
にんじん … ⅓本
A　水 … 1と¼カップ
　　鶏ガラスープの素
　　　… 小さじ2
　　酒 … 大さじ2
　　しょうゆ … 大さじ1
B　すりごま(白)
　　　… 大さじ3
　　無調整豆乳
　　　… 1と½カップ
　　　〜2カップ

作り方

1 にんじんはピーラーで2
cm幅の帯状に薄くむく。
白菜はざく切りにする。

2 鍋にAを入れて混ぜて白
菜の軸を入れ、中火にか
ける。煮立ったらB、にん
じん、白菜の葉、豚肉を
加え、ふたをして弱めの
中火で3〜4分蒸し煮に
する。

**12分で
できる**

POINT
薄力粉を加えたら
粉っぽさがなくな
るまでよく炒めて！
このひと手間でな
めらかな舌触りに。

ちょい足しのにんにくで味わいアップ

鶏むねとほうれん草のクリーム煮

材料（2人分）

鶏むね肉 … 1枚(300g)
ほうれん草 … ¾把(150g)
塩、こしょう … 各適量
バター … 20g
薄力粉 … 大さじ1と½
A　牛乳 … 1カップ
　　にんにく(すりおろし)
　　　… 少々
　　塩 … 小さじ¼
　　こしょう … 少々

作り方

1 ほうれん草は4cm長さに
切り、水に3分さらして
水けをきる。鶏肉はフォ
ークで全体を刺して8mm
厚さのそぎ切りにし、塩、
こしょうを強めにふる。

2 フライパンにバターを中
火で溶かし、1の鶏肉を
入れて両面合わせて3〜
4分焼く。軽く焼き色が
ついたら、ほうれん草を
加えて炒める。

3 ほうれん草が少ししんな
りしたら薄力粉を加え、
粉っぽさがなくなるまで
炒める。Aを加え、混ぜ
ながらとろみがつくまで
2〜3分煮る。

塩煮

素材が持つうまみを存分に感じられるのがシンプルな塩煮。煮立ったら弱めの中火または弱火にすることで、肉や魚、野菜をやわらかに仕立てます。

POINT
カリフラワーを蒸し煮にすることでぐっと甘みが引き出されておいしさがアップします。

10分でできる

少ない材料で蒸し煮にするだけ！

豚バラとカリフラワーのほろほろ煮

材料（2人分）

豚バラ薄切り肉 … 180g
カリフラワー … ⅓株
A だし汁 … 1と½カップ
　　塩 … 小さじ½
ゆずこしょう … 適量

作り方

1 カリフラワーは小さめの小房に分ける。豚肉は4〜5cm幅に切る。

2 鍋か深めのフライパンに**A**を入れて混ぜて中火にかける。煮立ったらカリフラワー、豚肉の順に加え、ふたをして弱めの中火でときどき混ぜながら6〜7分蒸し煮にする。器に盛り、ゆずこしょうを添える。

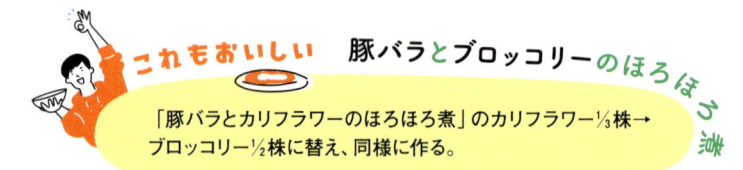

これもおいしい 豚バラとブロッコリーのほろほろ煮

「豚バラとカリフラワーのほろほろ煮」のカリフラワー⅓株→ブロッコリー½株に替え、同様に作る。

12分でできる

ピーラーを上手に使いこなして

鶏ももと ひらひら大根の塩煮

材料（2人分）

鶏もも肉 … 1枚(300g)
大根 … 6cm(250g)
塩、こしょう … 各適量
ごま油 … 大さじ1
A｜水 … 2カップ
　｜酒 … 大さじ1
　｜鶏ガラスープの素 … 小さじ2
　｜みりん … 小さじ1
　｜塩、こしょう … 各少々

作り方

1 大根はピーラーで幅広の帯状に薄くむく。鶏肉はひと口大に切り、塩、こしょうをふる。

2 深めのフライパンにごま油を中火で熱し、1の鶏肉を皮目から入れ、両面合わせて3〜4分焼く。

3 2に大根を加えて1分ほど炒め、油がまわったらAを加えて混ぜる。煮立ったらふたをして弱めの中火でときどき混ぜながら4〜5分蒸し煮にする。お好みで細かく刻んだ大根の葉を加えてさっと煮る。

POINT
火が通りにくい大根。ピーラーで幅広の帯状に薄くむけば、短時間で味がしみしみに！

弱火で蒸し煮にすると超しっとり！

たいと長ねぎのしょうが塩煮

材料（2人分）

たい … 2切れ
長ねぎ … 2/3本
しょうが（せん切り） … 1かけ
A｜だし汁 … 1と1/2カップ
　｜酒 … 大さじ1
　｜塩 … 小さじ2/3
　｜みりん … 小さじ2

作り方

1 長ねぎは4cm長さに切る。たいは水けをふき、2か所に斜めに切り込みを入れる。

2 鍋にAを入れて混ぜ、強火にかける。煮立ったらいったん火を止め、1、しょうがを加え、落としぶたをして弱火で7分ほど蒸し煮にする。

これもおいしい たらと長ねぎのしょうが塩煮

「たいと長ねぎのしょうが塩煮」のたい2切れ→生たら2切れに替え、同様に作る。

10分でできる

13分で できる

糖質が気になる人にもおすすめのレシピ

ささみとブロッコリーの塩オイル煮

材料（2人分）

鶏ささみ（筋なし）… 4本
ブロッコリー … 大½株
にんにく（薄切り）… 1かけ
A | オリーブオイル、水
　　… 各½カップ
　| 塩 … 小さじ⅓
　| 赤唐辛子 … 1本

作り方

1 ブロッコリーは小さめの小房に分ける。鶏ささみはフォークで全体を刺し、斜め半分に切る。

2 鍋にAを入れて混ぜ、1、にんにくを入れる。中火にかけ、煮立ったらふたをして弱火でときどき混ぜながら8〜9分蒸し煮にする。

POINT
オイルでしっとり煮てあるので冷蔵で2〜3日保存可能です。食べるときはレンジで軽く温めて。

バターのコクで満足度マシマシ！

豚しゃぶとじゃがいもの塩バター煮

12分で できる

材料（2人分）

豚ロースしゃぶしゃぶ用肉
　… 200g
じゃがいも … 2個
A | 水 … 2カップ
　| 塩 … 小さじ⅔
　| 酒 … 大さじ2
　| こしょう … 少々
バター … 10g

作り方

1 じゃがいもは8mm幅の輪切りにし、さっと洗って水けをきる。Aは混ぜ合わせておく。

2 鍋か深めのフライパンにじゃがいも、豚肉を重ね入れ、混ぜ合わせたAをまわしかける。中火にかけ、煮立ったらふたをして弱めの中火でときどき混ぜながら7〜8分蒸し煮にする。仕上げにバターを加えてさっと煮る。

 **これもおいしい** 牛バラとじゃがいもの塩バター煮

「豚しゃぶとじゃがいもの塩バター煮」の豚ロースしゃぶしゃぶ用肉200g→牛バラ薄切り肉200gに替える。牛肉は4〜5cm幅に切り、同様に作る。

13分でできる

だしのうまみを堪能したい
えびとかぶのとろとろ塩煮

材料（2人分）

むきえび … 200g
かぶ … 3個
A だし汁 … 1と½カップ
　 酒 … 大さじ1
　 塩 … 小さじ⅔
　 みりん … 小さじ1
水溶き片栗粉
　 片栗粉 … 大さじ½
　 水 … 大さじ½

作り方

1 かぶの身は皮をむき、4等分のくし形切りにする。かぶの葉は2cm長さに切る。えびは背わたがあれば取り、塩もみ（分量外）して洗い、水けをきる。

2 鍋にAを入れて混ぜ、強火にかける。煮立ったら弱火にし、1のかぶの身を加えてふたをして弱火で8〜10分蒸し煮にする。

3 2にかぶの葉を加えてさっと煮て、水溶き片栗粉を加え、混ぜながらとろみがつくまで煮る。

POINT
なすは軽くもみながらさっと洗うと、えぐみがやわらいでおいしさがアップします。

12分でできる

なすがとろりといい感じ
さわらと皮むきなすの塩煮

材料（2人分）

さわら … 2切れ
なす … 2個
しょうが（薄切り）… 2枚
A だし汁 … 1と½カップ
　 酒 … 大さじ1
　 塩 … 小さじ½
　 みりん … 小さじ2

作り方

1 なすはピーラーで皮をむき、縦半分に切ってから長さを斜め半分に切り、軽くもみ洗いをして水けをきる。さわらは水けをふき、2等分に切る。

2 鍋にAを入れて混ぜ、強火にかける。煮立ったら一度火を止め、1、しょうがを加え、落としぶたをして弱めの中火で8〜10分蒸し煮にする。

煮汁にみそを加えて煮込むことで短時間でも深い味わいとコクが生まれてとびきりのおいしさに！みその種類は問わないのでお好みのものを使ってください。

POINT
ひき肉に片栗粉を加えて練り混ぜることで加熱してもかたくならず、ふんわりとやわらかに。

13分でできる

ぶっかけごはんにしてもおいしい！

鶏つくねと白菜のみそ煮

材料（2人分）

鶏ひき肉 … 250g
白菜 … 3〜4枚
A｜塩 … 小さじ¼
　｜酒 … 大さじ½
　｜しょうが（すりおろし）… 1かけ
　｜片栗粉 … 大さじ1
B｜だし汁 … 1と½カップ
　｜みそ … 大さじ2
　｜みりん、酒 … 各大さじ1

作り方

1 白菜はざく切りにする。ひき肉にAを順に加えて練り混ぜ、8等分のボール状にまとめる。

2 鍋にBを入れてよく混ぜて中火にかける。煮立ったら1の肉だねを加え、再び煮立ったら上下を返して弱めの中火で2〜3分煮る。

3 白菜を加え、ふたをして弱めの中火でときどき上下を返しながら5〜6分蒸し煮にする。

これもおいしい　**豚つくねと白菜のみそ煮**
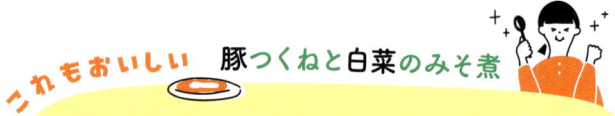

「鶏つくねと白菜のみそ煮」の鶏ひき肉250g→豚ひき肉250gに替え、同様に作る。

8分で
できる

甘辛でごはんが進みそう
豚こまとピーマンのみそ煮

材料（2人分）

豚こま切れ肉 … 200g
ピーマン … 3個
サラダ油 … 小さじ2
A　水 … ¼カップ
　　みそ、みりん、酒
　　　… 各大さじ1
　　しょうゆ … 大さじ½

作り方

1 ピーマンは縦3〜4等分に切る。Aは混ぜ合わせておく。

2 フライパンにサラダ油を中火で熱し、豚肉を炒める。肉の色が変わったら、1のピーマンも加えて炒める。

3 全体に油がまわったら混ぜ合わせたAを加え、煮立ったらピーマンがくったりするまで2〜3分煮る。

お手軽な塩さばは最強！
塩さばと長ねぎのみそ煮

10分で
できる

材料（2人分）

塩さば（半身・骨抜き済み）
　… 2枚
長ねぎ … ¾本
しょうが（薄切り）… 2枚
A　水 … 1カップ
　　酒 … ¼カップ
　　砂糖 … 大さじ1と½
　　みそ … 大さじ2

作り方

1 長ねぎは4㎝長さに切り、楊枝で数か所刺す。さばは水けをふき、長さを半分に切り、十字に切り込みを入れる。

2 鍋にAを入れて混ぜ、しょうがを加えて中火にかける。煮立ったらさばの皮目を上にして入れ、鍋の空いたところに長ねぎを加え、落としぶたをして弱めの中火で3〜4分蒸し煮にする。

3 落としぶたを取り、スプーンでさばに煮汁をかけながら3〜4分煮る。

POINT
生さばを使ってもOK！その場合、煮る前に熱湯をさっとまわしかけて臭みを取ります。

13分で できる

ごぼうは太めの食感を楽しんで

豚バラとごぼうのみそ煮

材料（2人分）

豚バラ薄切り肉 … 200g
ごぼう … 1本
サラダ油 … 大さじ½
A　水 … ½カップ
　　砂糖 … 大さじ½
　　酒 … 大さじ2
　　みりん … 大さじ1
みそ … 大さじ2

作り方

1 ごぼうはよく洗って軽く皮をこそげ、太めのささがきにし、さっと水にさらし、水けをきる。豚肉は4cm幅に切る。

2 フライパンにサラダ油を中火で熱し、豚肉を炒める。肉の色が変わってカリッとしてきたら、ごぼうを加えて1～2分炒める。

3 全体に油がまわったらAを加えて混ぜ、ふたをして弱めの中火で3～4分蒸し煮にする。ふたを取り、みそを溶き入れて2～3分煮る。

コレもおいしい **牛バラ**とごぼうのみそ煮

「豚バラとごぼうのみそ煮」の豚バラ薄切り肉200g→牛バラ薄切り肉200gに替え、同様に作る。

居酒屋風かんたん煮込み

砂肝とこんにゃくのみそ煮

12分で できる

材料（2人分）

鶏砂肝 … 250g
こんにゃく … 小1枚（100g）
ごま油 … 小さじ2
A　水 … ¾カップ
　　みそ … 大さじ2
　　みりん … 大さじ1
　　しょうゆ … 大さじ½
　　にんにく（粗く刻む） … 1かけ

作り方

1 こんにゃくはスプーンでひと口大にちぎる。砂肝は青白い皮の部分に切り込みを入れ、薄切りにする。Aは混ぜ合わせておく。

2 鍋にごま油を中火で熱し、こんにゃくを炒める。水分がとんだら砂肝を加えてさっと炒める。

3 2に混ぜ合わせたAを加えて煮立ったら、ふたをして弱めの中火でときどき混ぜながら4分蒸し煮にする。ふたを取り、2～3分煮つめる。

POINT
作りたてはコリコリした食感で翌日はぐっとやわらかに。冷蔵で3日保存可能です。

10分でできる

おいしいラーメン屋さんの味

豚ひきとキャベツの坦坦鍋

材料（2人分）

豚ひき肉 … 200g
キャベツ … ¼個
にんにく（粗みじん切り）
　… 1かけ
しょうが（粗みじん切り）
　… 1かけ
ごま油 … 大さじ1
豆板醤
　… 小さじ1〜大さじ½
A｜水 … 2〜2と½カップ
　｜みそ … 大さじ2
　｜　〜大さじ2と½
　｜酒、しょうゆ … 各大さじ1
　｜鶏ガラスープの素
　｜　… 小さじ2

作り方

1 キャベツは1.5cm幅の細切りにする。

2 鍋にごま油を中火で熱し、にんにく、しょうが、豆板醤を炒める。香りが出たらひき肉を加え、ほぐしながら炒める。

3 肉の色が変わったらAを加えて混ぜ、煮立ったら1を加え、ふたをして2〜3分蒸し煮にする。

これもおいしい　**豚ひきとキャベツの坦坦めん**

「豚ひきとキャベツの坦坦鍋」を作り、キャベツを加えるタイミングで中華蒸しめん（焼きそば用）1玉を加え、同様に煮る。

お弁当のおかずにも最適！

厚揚げとうずら卵のみそ煮

10分でできる

材料（2人分）

厚揚げ … 小2枚（300g）
うずら卵水煮
　… 10〜12個
A｜だし汁 … ½カップ
　｜みそ、みりん
　｜　… 各大さじ1と½
　｜酒 … 大さじ1
　｜砂糖 … 小さじ½

作り方

1 厚揚げは1枚を4等分の三角形に切る。

2 鍋にAを入れて混ぜる。厚揚げ、うずら卵を加えて中火にかけ、煮立ったら落としぶたをして弱めの中火でときどき鍋をゆすりながら5〜6分煮る。器に盛り、お好みで小ねぎの斜め切りをのせる。

しょうゆ煮

ほっとする和風のだし仕立てはもちろん、バターやにんにく、オイスターソースなどを加えれば、ごはんが進むパンチのきいた味になります。

POINT
鶏肉を切らずに煮てもOK！その場合、12分ほど蒸し煮にし、火を止めたら5分以上おいてください。

15分でできる

にんにく＆バターでコク増し！

鶏もものしょうゆ煮

材料（2人分）

鶏もも肉 … 大1枚（350g）
にんにく（半割りにしてつぶす）
　　　　 … 1かけ
バター … 5g
A　酒 … ¼カップ
　　しょうゆ … 大さじ2
　　オイスターソース、砂糖
　　　　 … 各大さじ1

作り方

1　鶏肉は余分な脂肪と筋を取り除き、包丁を入れて厚みを均一にし、4等分に切って身の部分に数か所切り込みを入れる。

2　鍋にAを入れて混ぜ、1の皮目を下にして入れ、にんにく、バターを入れて中火にかける。煮立ったらふたをして弱めの中火で6分、裏返して3分蒸し煮にする。火を止めてそのまま3分ほど蒸らす。

3　器に2を盛り、お好みで白髪ねぎを添える。

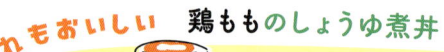

これもおいしい　鶏もものしょうゆ煮丼

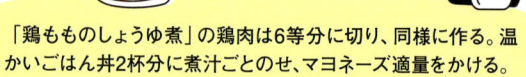

「鶏もものしょうゆ煮」の鶏肉は6等分に切り、同様に作る。温かいごはん丼2杯分に煮汁ごとのせ、マヨネーズ適量をかける。

10分でできる

さつまいもがごはんに合うおかずになる！

豚ひきとさつまいもの バターじょうゆ煮

材料（2人分）

豚ひき肉 … 200g
さつまいも
　　… 1本（180〜200g）
サラダ油 … 大さじ½
塩、こしょう … 各適量
A｜砂糖 … 大さじ½
　｜酒 … 大さじ4
　｜しょうゆ
　｜　　… 大さじ1と½
バター … 10g

作り方

1 さつまいもはよく洗い、皮付きのまま5cm幅に切って縦6〜8等分に切る。水に2分ほどさらして水けをきる。

2 鍋にサラダ油を中火で熱し、ひき肉を入れて塩、こしょうをして炒める。肉の色が変わったら、さつまいもを加えて炒める。

3 全体に油がまわったらAを順に加えて混ぜ、ふたをして弱めの中火で3〜4分蒸し煮にする。バターを加えてさっと煮る。

だし汁まで飲み干したい！

牛肉の肉吸い風

8分でできる

材料（2人分）

牛しゃぶしゃぶ用肉
　　… 200g
絹ごし豆腐
　　… 小1丁（130g）
小ねぎ … 4本
しょうが（せん切り）
　　… 1かけ
A｜だし汁
　｜　… 2と½カップ
　｜しょうゆ
　｜　… 大さじ1と½
　｜みりん … 大さじ1
　｜塩 … 小さじ½

作り方

1 鍋に湯を沸かし、牛肉を入れてさっと下ゆでし、ざるにあげる。

2 豆腐は2cm角に切る。小ねぎは3cm長さの斜め切りにする。

3 1の鍋をさっと洗い、Aを入れて中火にかける。煮立ったら1の牛肉、2の豆腐、しょうがを加え、アクが出たら取り除き、弱火で2〜3分煮る。仕上げに小ねぎを加えてさっと煮て、火を止める。

これもおいしい　豚肉の肉吸い風

「牛肉の肉吸い風」の牛しゃぶしゃぶ用肉200g→豚ロースしゃぶしゃぶ用肉200gに替え、同様に作る。

10分でできる

ささみがなめらか！体も温まる！

ささみの治部煮風

材料（2人分）

鶏ささみ（筋なし）… 4本
しいたけ … 4個
小松菜 … 1株
- A | 塩 … 小さじ¼
- | 酒 … 小さじ2
片栗粉 … 大さじ2
- B | だし汁 … 1と½カップ
- | みりん、しょうゆ
- | … 各大さじ1と½
- | 酒 … 大さじ1
- | 砂糖 … 小さじ1
- | 塩 … 小さじ¼

作り方

1 しいたけは石づきを取り、縦3等分に切る。小松菜は3〜4cm長さに切る。

2 鶏ささみは3等分のそぎ切りにし、Aを順にもみ込み、片栗粉をまぶす。

3 鍋にBを入れて中火にかけ、煮立ったら2を加えて煮る。肉の色が変わってきたら、しいたけ、小松菜の軸を加えて弱めの中火で3〜4分煮る。小松菜の葉を加えてさっと煮る。

ほっとする和のおかず

鶏だんごとオクラのしょうゆ煮

12分でできる

材料（2人分）

鶏ひき肉 … 250g
オクラ … 6本
- A | 塩 … 小さじ¼
- | 酒 … 大さじ½
- | しょうが（すりおろし）
- | … 1かけ
- | 片栗粉 … 大さじ1
- B | だし汁 … 1と½カップ
- | しょうゆ
- | … 大さじ1と½
- | 酒、みりん … 各大さじ1

作り方

1 オクラは塩小さじ1（分量外）をまぶし、両手でこすり合わせて洗い流して水けをきる。ガクのまわりをぐるりと薄くむく。ひき肉にAを順に加えて混ぜる。

2 鍋にBを入れて混ぜて中火にかけ、煮立ったら1の肉だねをスプーンでひと口大にすくって加え、再び煮立ったら上下を返しながら2〜3分煮る。

3 2にオクラを加え、ふたをして弱めの中火で3〜4分蒸し煮にする。

これもおいしい **豚だんごとオクラのしょうゆ煮**

「鶏だんごとオクラのしょうゆ煮」の鶏ひき肉250g→豚ひき肉250gに替え、同様に作る。

10分でできる

大根おろしでさっぱり味わう！

豚しゃぶと
しめじのみぞれ煮

材料（2人分）

豚ロースしゃぶ
　　しゃぶ用肉 … 200g
しめじ … 1パック
大根 … 5〜6cm
A｜だし汁 … 1カップ
　｜砂糖 … 大さじ½
　｜しょうゆ … 大さじ2
　｜みりん … 大さじ1
　｜塩 … 小さじ¼
七味唐辛子 … 適量

作り方

1 しめじは石づきを取り、小房に分ける。大根はすりおろす。

2 鍋にAを入れて混ぜ、中火にかける。煮立ったら豚肉を加えてほぐしながら煮る。肉の色が変わったらアクを取り除き、しめじを加えて2分煮る。

3 2に1の大根おろしの水けを軽くきって加え、1〜2分煮る。器に盛り、七味唐辛子をかける。

10分でできる

時間をかけない煮ものの代表格

いかとわかめのさっと煮

材料（2人分）

いか … 1〜2はい
（※1ぱいの大きさに応じて数を調整する）
カットわかめ（乾燥）… 5g
しょうが薄切り … 2枚
A｜だし汁 … 1カップ
　｜しょうゆ、みりん
　｜　… 各大さじ2
　｜酒 … 大さじ1
　｜砂糖 … 小さじ1

作り方

1 カットわかめは水につけてもどす。いかは軟骨、内臓、目、くちばしを取ってよく洗う。水けをふいて皮つきのまま胴は8mm幅の輪切りにする。足は先端と大きな吸盤を切り落として食べやすい長さに切る。えんぺらも食べやすく切る。

2 鍋にA、しょうがを入れて混ぜて中火にかける。煮立ったら1のいかを加えて1分煮たら、わかめも加えて1分ほど煮て火を止める。煮汁ごと器に盛りつける。

POINT

いかを1分煮たら、わかめも加えて1分煮るだけ！この煮加減がおいしく作る最大のコツです。

トマト煮

トマト煮は、肉や魚介、大豆製品まで、どんな食材とも合う万能煮もの！ 濃厚でリッチな味わいにしたいときはトマト水煮缶、あっさり仕上げたいときはトマトジュースがおすすめです。

POINT
牛肉に下味をつけたら薄力粉をまぶしてから炒めてください。ほどよいとろみがつきます。

14分でできる

市販のルウに頼らなくてもできちゃう！

牛肉とマッシュルームのトマトクリーム煮

材料（2人分）

牛切り落とし肉 … 200g
マッシュルーム（ホワイト）… 5個
塩、こしょう、薄力粉 … 各適量
にんにく（粗みじん切り）… ½かけ
オリーブオイル … 大さじ1
A ┌ トマト水煮缶（カットタイプ）
　│　… 1缶（400g）
　│ 酒 … ½カップ
　│ 顆粒コンソメスープの素
　│　… 小さじ2
　│ ウスターソース … 小さじ1
　└ 砂糖 … 小さじ½
生クリーム … ¼カップ

作り方

1 牛肉は大きければ食べやすい大きさに切り、塩、こしょうをふって薄力粉をまぶす。マッシュルームは根元を少し切り、縦3等分に切る。

2 鍋にオリーブオイル、にんにくを入れて中火で熱し、1の牛肉を炒める。肉の色が変わったら、マッシュルームを2分ほど炒め、Aを加えてへらでトマトをつぶし混ぜる。

3 煮立ったらふたをして弱めの中火で4〜6分蒸し煮にする。仕上げに生クリームを加えて混ぜ、1分ほど煮て塩、こしょうで味をととのえる。

これもおいしい　ハッシュドビーフ風ライス

「牛肉とマッシュルームのトマトクリーム煮」を作り、温かいごはん400gにバター10gを混ぜて添える。

13分でできる

にんにくをきかせたガツンとした味わい

チキンとなすの濃厚トマト煮

材料（2～3人分）

鶏もも肉 … 1枚（300g）
なす … 2個
にんにく（粗みじん切り）
　　… 1かけ
A｜塩 … 小さじ¼
　｜こしょう … 少々
薄力粉 … 大さじ1と½
オリーブオイル … 大さじ1
B｜トマト水煮缶（カット
　｜タイプ）… 1缶（400g）
　｜酒 … 大さじ3
　｜砂糖 … 小さじ1
　｜塩 … 小さじ1弱

作り方

1 鶏肉は余分な脂肪と筋を取り除き、大きめのひと口大に切り、Aを順にもみ込んで薄力粉をまぶす。なすは乱切りにする。

2 フライパンにオリーブオイルを中火で熱し、1の鶏肉を皮目から入れ、2～3分焼いて一度取り出す。

3 2のフライパンににんにく、なすを加えて2分炒め、油がまわったらBを加え、へらでトマトをつぶし混ぜる。煮立ったら2の鶏肉を戻し入れ、ふたをして弱めの中火で6～7分蒸し煮にする。

白ワインに合うかんたんイタリアン

あじとパプリカのハーブトマト煮

13分でできる

材料（2人分）

あじ（3枚おろし）… 2尾
パプリカ（黄）… ½個
塩、こしょう、薄力粉
　　… 各適量
オリーブオイル … 大さじ1
A｜トマト水煮缶（カット
　｜タイプ）… 1缶（400g）
　｜酒 … ½カップ
　｜顆粒コンソメスープの素
　｜　… 小さじ2
　｜砂糖 … 小さじ½
　｜ドライバジル
　｜　… 小さじ1

作り方

1 あじは小骨を抜いてぜいごを取り、3～4等分に切って塩、こしょうをふり、薄力粉をまぶす。パプリカは乱切りにする。

2 フライパンにオリーブオイルを中火で熱し、1のあじを皮目から入れて焼く。焼き色がついたら裏返し、1～2分焼いて一度取り出す。

3 2のフライパンにパプリカを加えて炒める。全体に油がまわったらAを加えてへらでトマトをつぶし混ぜる。煮立ったら2のあじを戻し入れ、ふたをして弱めの中火で3～4分蒸し煮にし、塩で味をととのえる。

POINT
生のバジルやオレガノ、タイムなどのハーブを使っても◎。よりおいしさが際立ちます。

15分でできる

ゴロンとしていて食べごたえ満点！

ミートボールのトマト煮

材料（2人分）

合いびき肉 … 300g
玉ねぎ … ¼個
片栗粉 … 大さじ2
A 塩 … 小さじ½
　　こしょう … 少々
オリーブオイル … 大さじ1
B トマト水煮缶（カットタイプ） … 1缶（400g）
　　顆粒コンソメスープの素 … 小さじ2
　　砂糖 … 小さじ1
　　ウスターソース … 小さじ2
粉チーズ … 大さじ2

作り方

1 玉ねぎはみじん切りにし、片栗粉をまぶす。ボウルにひき肉、**A**を入れて混ぜ合わせ、玉ねぎを加えて混ぜる。12等分のボール状に丸める。

2 フライパンにオリーブオイルを中火で熱し、**1**を入れて転がしながら2分ほど焼き、一度取り出す。

3 **2**のフライパンに**B**を入れ、へらでトマトをつぶし混ぜる。強火にかけ、煮立ったら**2**のミートボールを戻し入れ、ふたをして弱めの中火でときどき返しながら8〜10分蒸し煮にする。器に盛り、粉チーズをかける。

これもおいしい　くずしミートボールのトマトパスタ

「ミートボールのトマト煮」を作り、へらで粗くくずす。袋の表示通りに塩ゆでしたスパゲッティ200gにかける。

12分でできる

砂糖を少し加えるとコクが増す！

豚こまとブロッコリーのトマトクリーム煮

材料（2人分）

豚こま切れ肉 … 200g
ブロッコリー … ½株
塩、こしょう、薄力粉 … 各適量
にんにく（粗みじん切り） … ½かけ
オリーブオイル … 大さじ1
A トマト水煮缶（カットタイプ） … 1缶（400g）
　　酒 … 大さじ3
　　顆粒コンソメスープの素 … 小さじ2
　　砂糖 … 小さじ½
牛乳 … ¼カップ

作り方

1 豚肉は塩、こしょうをふり、薄力粉をまぶす。ブロッコリーは小房に分ける。

2 鍋にオリーブオイル、にんにくを中火で熱し、**1**の豚肉を炒める。肉の色が変わったら、ブロッコリーを加えてさっと炒め、**A**を加えてへらでトマトをつぶし混ぜる。

3 煮立ったらふたをして弱めの中火で4〜5分蒸し煮にする。牛乳を加えて混ぜ、塩、こしょうで味をととのえる。

10分で
できる

やわらかでうまみたっぷりのいかを堪能して

いかのガーリックトマト煮

材料（2人分）

いか … 2はい
玉ねぎ … ¼個
しめじ … 1パック
にんにく（粗みじん切り）
　… 大1かけ
オリーブオイル
　… 大さじ1
バター … 10g
A｜トマトジュース（無塩）
　　… 1カップ
　　トマトケチャップ
　　… 大さじ1
　　しょうゆ
　　… 大さじ½
塩、こしょう … 各適量

作り方

1 玉ねぎは薄切りにする。しめじは根元を切り落とし、小房に分ける。いかは軟骨、内臓、目、くちばしを取ってよく洗う。水けをふいて皮つきのまま胴は8mm幅の輪切りにする。足は先端と大きな吸盤を切り落として食べやすい長さに切る。えんぺらも食べやすく切る。

2 鍋にオリーブオイル、にんにくを入れて弱めの中火にかけ、香りが出たら玉ねぎを加えて2分ほど炒める。

3 2に1のしめじ、いかを加えて炒め、いかの色が変わったらバター、Aを加えて混ぜる。弱火で2〜3分煮て、塩、こしょうで味をととのえる。

タコもおいしい **たこのガーリックトマト煮**

「いかのガーリックトマト煮」のいか2はい→ゆでたこの足（刺身用）180gに替える。たこはひと口大の乱切りにし、同様に作る。

みそとトマトは好相性！

厚揚げとベーコンの和風トマト煮

材料（2人分）

厚揚げ … 2枚（300g）
スライスベーコン … 3枚
サラダ油　小さじ2
A｜トマトジュース（無塩）
　　1と¼カップ
　　みそ … 小さじ2
　　顆粒コンソメスープ
　　の素 … 小さじ1
　　砂糖 … 小さじ½

作り方

1 厚揚げは2cm角に切る。ベーコンは3cm幅に切る。

2 フライパンにサラダ油を中火で熱し、1の厚揚げをカリッとするまで焼く。同時に厚揚げの横にベーコンを入れ、カリッとするまで焼く。

3 2にAを加えて混ぜ、煮立ったらふたをして弱めの中火でときどき混ぜながら4〜5分煮る。器に盛り、お好みで青じそのせん切りをのせる。

10分で
できる

131

やっぱりリピートしたくなっちゃう大定番の味つけ。照り照りの見た目は食欲をかき立て、白いごはんとの相性も抜群！濃いめの味つけなので作りおきにもおすすめです。

POINT

時間に余裕があるときはゆで卵やゆでチンゲン菜を添えても。彩りも栄養バランスもアップします。

10分でできる

台湾の屋台で食べるあの味

豚バラのルーローハン風煮込み丼

材料（2人分）

豚バラ薄切り肉 … 250g
たけのこ水煮 … 120g
しいたけ … 5個
塩、こしょう … 各適量
ごま油 … 大さじ1/2
しょうが（みじん切り） … 1/2かけ
A｜ 砂糖、しょうゆ、オイスター
　　 ソース … 各大さじ2
　　 酒 … 大さじ3
　　 酢 … 大さじ1
　　 五香粉（ウーシャンフェン） … 小さじ1/4
　　 水 … 1/4カップ
温かいごはん … 丼軽く2杯分

作り方

1 豚肉は4cm幅に切り、塩、こしょうをふる。たけのこは5mm厚さの薄切りにする。しいたけは石づきを取り、縦薄切りにする。Aは混ぜ合わせておく。

2 フライパンにごま油、しょうがを入れて中火で熱し、香りが出たら1の豚肉を炒める。肉の色が変わったら、たけのこ、しいたけも加えて1分ほど炒める。

3 2に混ぜ合わせたAを加え、煮立ったらふたをして弱めの中火でときどき混ぜながら3～4分蒸し煮にする。器にごはんをよそい、汁ごと盛りつける。

これもおいしい　鶏こまのルーローハン風煮込み丼

「豚バラのルーローハン風煮込み丼」の豚バラ薄切り肉250g→鶏こま切れ肉250gに替え、同様に作る。

13分でできる

ごぼうはめん棒でたたいて味しみよく

鶏ひきとたたきごぼうの甘辛煮

材料（2人分）

鶏ひき肉 … 250g
ごぼう … 1本
サラダ油 … 大さじ1
A 砂糖 … 大さじ1
　 しょうゆ … 大さじ3
　 みりん … 大さじ2と½
　 酒 … 大さじ1と½
　 水 … ¼カップ

作り方

1 ごぼうはよく洗って軽く皮をこそげ、めん棒などでたたいて4〜5cm長さに切り、水にさっとさらして水けをきる。Aは混ぜ合わせておく。

2 鍋にサラダ油を中火で熱し、ひき肉を炒める。肉の色が変わったら1を加えて2分ほど炒める。

3 全体に油がまわったら混ぜ合わせたAを加え、煮立ったらふたをして弱めの中火で6〜7分蒸し煮にする。器に盛り、お好みで小ねぎの小口切りをのせる。

火が通りやすい食材だけ！

牛バラとしらたき、長ねぎのすき煮

10分でできる

材料（2人分）

牛バラ薄切り肉 … 250g
しらたき（アク抜き済み）
　 … 1パック（250g）
長ねぎ … 1本
サラダ油 … 小さじ2
A だし汁 … 1カップ
　 しょうゆ … 大さじ3
　 みりん
　 　 … 大さじ2と½
　 砂糖 … 大さじ1

作り方

1 長ねぎは1.5cm幅の斜め切りにする。しらたきは水けをきり、食べやすい長さに切る。牛肉は食べやすい大きさに切る。Aは混ぜ合わせておく。

2 鍋にサラダ油を中火で熱し、1のしらたきを入れて水分をとばしながら2分ほど炒める。

3 2に1の牛肉を加えて炒め、肉の色が変わったら混ぜ合わせたAを加える。煮立ったら長ねぎを加え、ふたをして弱めの中火で4〜5分蒸し煮にする。

POINT
しらたきは水分をとばしながら炒めてください。こうするとしっかり中まで味がしみます。

12分でできる

弱めの中火でとろりと煮つめて

手羽中の甘辛煮

材料（2人分）

鶏手羽中 … 14〜16本
サラダ油 … 大さじ½
A｜砂糖、みりん
　　… 各大さじ1
　｜酒 … 大さじ3
　｜しょうゆ、水
　　… 各大さじ2
いりごま(白) … 大さじ1

作り方

1 手羽中は水けをふき、骨にそって1本切り込みを入れる。Aは混ぜ合わせておく。

2 フライパンにサラダ油を中火で熱し、1の手羽中を皮目から入れ、全体に焼き色をつける。

3 2に混ぜ合わせたAを加え、ふたをして弱めの中火でときどき上下を返しながら6〜7分蒸し煮にする。ふたを取り、火を少し強めて煮からめ、仕上げにいりごまを混ぜる。

ツヤツヤなたれにうっとり

ぶりとほうれん草の甘辛煮

12分でできる

材料（2人分）

ぶり … 3切れ
ほうれん草 … ¾把(150g)
薄力粉 … 大さじ1
サラダ油 … 大さじ½
A｜砂糖、酒、しょうゆ
　　… 各大さじ3
　｜水 … 大さじ2
　｜ごま油 … 大さじ1と½

作り方

1 ほうれん草は4㎝長さに切り、水に3分さらして水けをきる。ぶりは水けをふいて大きめのひと口大に切り、薄力粉をまぶす。Aは混ぜ合わせておく。

2 鍋にサラダ油を中火で熱し、1のぶりを2分ほど焼く。焼き色がついたら裏返し、2分ほど焼く。

3 2に混ぜ合わせたAを加え、煮立ったらほうれん草も加え、ふたをして弱めの中火でときどき上下を返しながら3〜4分蒸し煮にする。

これもおいしい　かじきとほうれん草の甘辛煮

「ぶりとほうれん草の甘辛煮」のぶり3切れ→かじき3切れに替え、同様に作る。

薄切り大根にすれば味がしみしみ

豚しゃぶと大根の甘辛煮

10分でできる

材料（2人分）

豚ロースしゃぶしゃぶ用肉
　… 200g
大根 … 5〜6㎝
サラダ油 … 大さじ½
A　水 … ½カップ
　　砂糖、みりん
　　　… 各大さじ2
　　しょうゆ
　　　… 大さじ2と½

作り方

1 大根は3〜4㎜厚さのいちょう切りにする。豚肉は食べやすい大きさに切る。Aは混ぜ合わせておく。

2 フライパンにサラダ油を中火で熱し、豚肉を炒める。肉の色が変わってきたら大根を加えて2〜3分炒める。

3 2に混ぜ合わせたAを加え、煮立ったらふたをして弱めの中火で5分ほど蒸し煮にする。ふたを取り、煮汁が少なくなるまで煮からめる。

噛みしめるとだしのうまみがジュワッ♫

厚揚げの牛肉巻き煮

10分でできる

材料（2人分）

厚揚げ … 小2枚（300g）
牛ロース薄切り肉 … 6枚
塩、こしょう … 各少々
サラダ油 … 大さじ½
A　水 … ½カップ
　　めんつゆ（3倍濃縮）
　　　… 大さじ4と½
　　砂糖 … 小さじ2
　　しょうが（すりおろし）
　　　… 1かけ

作り方

1 厚揚げは1枚を3等分に切る。牛肉に塩、こしょうをふり、厚揚げに巻く。巻き終わりを手で押さえて形を整える。Aは混ぜ合わせておく。

2 フライパンにサラダ油を弱めの中火で熱し、1の巻き終わりを下にして入れる。全体に焼き色がついたら混ぜ合わせたAを加え、ふたをして弱めの中火でときどき上下を返しながら4〜5分蒸し煮にする。

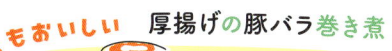

これもおいしい 厚揚げの豚バラ巻き煮

「厚揚げの牛肉巻き煮」の牛ロース薄切り肉6枚
→豚バラ薄切り肉6枚に替え、同様に作る。

うどんいろいろ

レンチンするだけでモチモチの食感が楽しめる冷凍うどん。
和風、洋風、中華&エスニック風と味つけもいろいろ。飽きさせません!

肉みそもレンチンで完成!

台湾風混ぜうどん

10分でできる

材料（2人分）

冷凍うどん … 2玉
豚ひき肉 … 150g
長ねぎ（粗みじん切り）… 4cm
A　にんにく（すりおろし）
　　　… ½かけ
　　砂糖、みそ … 各大さじ1
　　しょうゆ … 大さじ½
　　水 … 大さじ3
　　片栗粉 … 小さじ2
　　豆板醤 … 小さじ1

作り方

1 耐熱容器にひき肉、Aを入れてよく混ぜる。ふんわりとラップをかけて電子レンジで3分加熱する。取り出してもう一度よく混ぜ、同様に2分加熱する。

2 冷凍うどんは袋の表示通りに電子レンジで加熱し、水けをきる。器に盛り、1と長ねぎをのせる。

食べればかき揚げそのもの!

桜えびと天かすの釜玉うどん

6分でできる

材料（2人分）

冷凍うどん … 2玉
桜えび（乾燥）… 大さじ4
天かす … 大さじ3
卵黄 … 2個分
小ねぎ（小口切り）… 2本
A　めんつゆ（3倍濃縮）… 大さじ1
　　ポン酢しょうゆ … 大さじ½

作り方

1 冷凍うどんは袋の表示通りに電子レンジで加熱し、水けをきる。

2 器に1を盛り、桜えび、天かす、小ねぎ、卵黄をのせ、Aをまわしかける。

これもおいしい しらすと天かすの釜玉うどん

「桜えびと天かすの釜玉うどん」の桜えび（乾燥）大さじ4→しらす大さじ3に替え、同様に作る。

8分でできる

エスニックの定番をうどんでアレンジ

ガパオ風焼きうどん

材料（2人分）

冷凍うどん … 2玉
鶏ひき肉 … 200g
パプリカ（赤）… ¼個
ピーマン … 2個
ごま油 … 大さじ1
ナンプラー … 大さじ1
オイスターソース … 大さじ½

作り方

1 パプリカ、ピーマンは1㎝角に切る。冷凍うどんは袋の表示通りに電子レンジで加熱し、水けをきる。

2 フライパンにごま油を中火で熱し、ひき肉を炒める。肉の色が変わったら、**1**のパプリカ、ピーマンを加えて2分ほど炒める。

3 全体に油がまわったら**1**のうどんを加えて炒め合わせ、ナンプラー、オイスターソースで味をととのえる。

これもおいしい　ガパオ風焼きうどん温玉のせ

「ガパオ風焼きうどん」を同様に作り、温泉卵2個をのせる。

パスタをゆでるよりラクチン!!

うどんペペロンチーノ

7分でできる

材料（2人分）

冷凍うどん … 2玉
スライスベーコン … 2枚
にんにく（粗みじん切り）… 1かけ
オリーブオイル … 大さじ2
赤唐辛子（小口切り）… 1本
塩、こしょう … 各適量

作り方

1 冷凍うどんは袋の表示通りに電子レンジで加熱し、水けをきる。ベーコンは2㎝幅に切る。

2 フライパンにオリーブオイル、にんにく、赤唐辛子を入れて弱めの中火で熱し、香りが出てきたらベーコンを炒める。

3 ベーコンが少しカリッとしてきたら**1**のうどんを加えて炒め合わせ、塩、こしょうで味をととのえる。

6分でできる

やる気1%でも作れる！悪魔の焼きうどん

バターじょうゆ焼きうどん

材料（2人分）

冷凍うどん … 2玉
バター … 10g
しょうゆ … 小さじ2
こしょう … 少々
焼きのり … 適量

作り方

1 冷凍うどんは袋の表示通りに電子レンジで加熱し、水けをきる。

2 フライパンにバターを中火で溶かし、**1**を炒める。全体にバターがまわったらしょうゆ、こしょうで味をととのえる。器に盛り、ちぎった焼きのりをちらす。

これもおいしい　バタポン焼きうどん

「バターじょうゆ焼きうどん」のしょうゆ小さじ2→ポン酢しょうゆ大さじ2に替え、同様に作る。

さっぱり煮

酢やレモン、ポン酢しょうゆ、梅干しを使ったさっぱり煮。お肉はしつこさがなくなるうえ、やわらかさをキープ。魚介は臭みがなくなり、極上の味わいに仕上げてくれます。

POINT
レモンは皮ごと使うので国産のものを選び、清潔なスポンジでこすり、流水でよく洗って。

12分でできる

鶏むねがしっとりやわらかい！

鶏むねと長ねぎのレモン煮

材料（2人分）

鶏むね肉 … 1枚（300g）
長ねぎ … ½本
レモン（薄切り）… 3枚分
塩、こしょう … 各適量
薄力粉 … 大さじ1
オリーブオイル … 大さじ1
A　水 … 1カップ
　　酒 … 大さじ2
　　塩 … 小さじ½

作り方

1 長ねぎは5cm長さに切ってから縦6等分に切る。レモンはいちょう切りにする。鶏肉はフォークで全体を刺して8mm厚さのそぎ切りにし、塩、こしょうを強めにふり、薄力粉をまぶす。

2 フライパンにオリーブオイルを中火で熱し、**1**の鶏肉を2～3分焼く。全体に軽く色がついたら、長ねぎ、レモンをのせ、**A**を加える。

3 ふたをして弱めの中火で5～6分蒸し煮にする。

これもおいしい **鶏むねと玉ねぎのレモン煮**

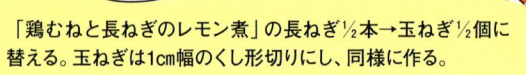

「鶏むねと長ねぎのレモン煮」の長ねぎ½本→玉ねぎ½個に替える。玉ねぎは1cm幅のくし形切りにし、同様に作る。

8分でできる

お肉のコクはそのままで後味はさっぱり！

豚バラとなすの しょうがポン酢煮

材料（2人分）

豚バラ薄切り肉 … 200g
なす … 2個
ごま油 … 大さじ1
塩 … 少々
A｜ポン酢しょうゆ、水
　　… 各¼カップ
　砂糖 … 大さじ½
　みりん … 大さじ1
　しょうが（せん切り）
　　… 1かけ

作り方

1 なすは縦4等分に切ってから斜め半分に切る。豚肉は4〜5cm幅に切る。Aは混ぜ合わせておく。

2 フライパンにごま油を中火で熱し、1の豚肉を炒める。肉がカリッとしてきたらなすを加え、塩をふって炒める。なすに油がまわったら、混ぜ合わせたAを加え、煮立ったらふたをしてときどき混ぜながら3〜4分蒸し煮にする。

甘酸っぱい梅干しが調味料代わり！

11分でできる

かじきとさやいんげんの梅煮

材料（2人分）

かじき … 3切れ
さやいんげん … 10本
サラダ油 … 小さじ2
梅干し … 2個
A｜水 … ¾カップ
　酒 … 大さじ1
　しょうゆ
　　… 大さじ1と½
　みりん … 大さじ1
　砂糖 … 小さじ2

作り方

1 かじきは水けをふき、3等分に切る。さやいんげんは長さを半分に切る。梅干しは種を取り、手で粗くちぎる。

2 鍋か深めのフライパンにサラダ油を中火で熱し、1のかじきを焼く。焼き色がついたら裏返して1〜2分焼く。同時にかじきの横にさやいんげんを入れ、2分ほど焼く。

3 2にAを加えて混ぜる。煮立ったら梅干しの果肉を加え、落としぶたをして弱めの中火で4〜5分蒸し煮にする。

10分でできる

粒マスタードのほどよい酸味がアクセント！

豚こまとキャベツの粒マスタード煮

材料（2人分）

豚こま切れ肉 … 200g
キャベツ … ¼個
A 水 … ¾カップ
　 白ワイン … 大さじ3
　 粒マスタード
　 　 … 大さじ1と½
　 塩 … 小さじ⅓
オリーブオイル … 小さじ2

作り方

1　キャベツは1cm幅の細切りにする。Aは混ぜ合わせておく。

2　鍋にキャベツ、豚肉を順に広げながら重ね入れ、混ぜ合わせたAをまわしかける。中火にかけ、煮立ったらふたをして弱めの中火で8分蒸し煮にする。仕上げにオリーブオイルを加えて混ぜる。

臭みは一切なし！ピーマンとも好相性

鮭とピーマンの甘酢煮

12分でできる

材料（2人分）

生鮭 … 3切れ
ピーマン … 3個
塩、こしょう、薄力粉
　 … 各適量
サラダ油 … 小さじ2
A 水 … ¾カップ
　 砂糖 … 大さじ2
　 酢 … 大さじ3
　 酒、しょうゆ
　 　 … 各大さじ1

作り方

1　ピーマンは縦半分に切る。鮭は水けをふいて骨を取り除き、3等分に切って塩、こしょうをふり、薄力粉をまぶす。

2　鍋か深めのフライパンにサラダ油を中火で熱し、1の鮭を焼く。焼き色がついたら裏返して1〜2分焼く。鮭の横にピーマンを入れ、同時に2分ほど焼く。

3　2にAを加えて混ぜ、煮立ったら落としぶたをして弱めの中火で6分蒸し煮にする。

これもおいしい　塩さばとピーマンの甘酢煮

「鮭とピーマンの甘酢煮」の生鮭3切れ→塩さば（半身・骨取り済み）2枚に替える。塩さばは4〜5等分に切り、同様に薄力粉をまぶして作る。

作っておくと安心のやみつき煮もの！

**14分で
できる**

牛肉とごぼうのにんにく酢煮

材料（2人分）

牛切り落とし肉 … 200g
ごぼう … 1本
塩、こしょう … 各適量
にんにく（半割りにしてつぶす）
　　　… 2かけ
サラダ油 … 大さじ1
A｜だし汁 … ¼カップ
　｜砂糖 … 大さじ1
　｜酢、酒 … 各大さじ2
　｜しょうゆ
　　　… 大さじ1と½

作り方

1 ごぼうはよく洗って軽く皮をこそげ、5mm厚さの斜め薄切りにし、さっと水にさらして水けをきる。Aは混ぜ合わせておく。

2 フライパンにサラダ油を中火で熱し、牛肉に塩、こしょうをして炒める。色が変わったら、ごぼうを加えて2分ほど炒める。

3 ごぼうに油がまわったら、混ぜ合わせたA、にんにくを加える。煮立ったらふたをして弱めの中火でときどき混ぜながら7〜8分蒸し煮にする。

これもおいしい **豚肉とごぼう**のにんにく酢煮

「牛肉とごぼうのにんにく酢煮」の牛切り落とし肉200g→豚切り落とし肉200gに替え、同様に作る。

ぷっくり煮えたかきは絶品！

かきのポン酢煮

**10分で
できる**

材料（2人分）

生がき … 200g
A｜ポン酢しょうゆ
　｜　… ½カップ
　｜砂糖 … 大さじ1
　｜酒 … 大さじ2

作り方

1 かきは塩水（水2と1/2カップに対して塩大さじ1・いずれも分量外）で2回ほどふり洗いをして汚れを取り、水けをふく。

2 鍋にAを入れて混ぜてから中火にかけ、煮立ったら**1**を加えてときどき上下を返しながら、煮汁が1/2量くらいになるまで煮る。

POINT
生がきが手に入らないときは冷凍のかきでもOK！流水で2分ほど解凍してから下処理して煮てください。

塩麹煮

塩麹は「漬ける」だけではなく煮ものにもぜひ使って！脂が気になる肉や魚もさっぱりと食べられ、加熱しても食材そのものをやわらかに仕立ててくれます。

POINT

鮭は焼き色がつくまで焼くと、臭みがなくなるうえ、この香ばしさがおいしさアップにつながります。

10分でできる

コクのある煮汁をたっぷりからめて

鮭の塩麹アクアパッツァ風

材料（2人分）

生鮭 … 大2切れ
ミニトマト（黄） … 4個
ブロッコリー … ⅓株
マッシュルーム（ブラウン） … 8個
塩、こしょう … 各適量
オリーブオイル … 大さじ2
A 塩麹 … 大さじ2
　白ワイン … ¼カップ
　にんにく（粗みじん切り）
　　… 1かけ

作り方

1 ブロッコリーは小さめの小房に分ける。マッシュルームは根元を少し切り、縦半分に切る。鮭は水けをふき、軽く塩、こしょうをする。Aは混ぜ合わせておく。

2 フライパンにオリーブオイルを中火で熱し、鮭を盛りつけるとき上になるほうを下にして入れ、2分ほど焼く。焼き色がついたら裏返して1分ほど焼く。

3 2のフライパンの空いているところにブロッコリー、マッシュルーム、ミニトマトを入れ、混ぜ合わせたAをまわしかける。ふたをして弱めの中火で4〜5分蒸し煮にする。

これもおいしい たいの塩麹アクアパッツァ風

「鮭の塩麹アクアパッツァ風」の生鮭大2切れ→たい大2切れ、ミニトマト（黄）→（赤）に替え、同様に作る。

10分で
できる

梅干し×塩麹はおいしい万能調味料

肉巻きエリンギの梅塩麹煮

材料（2人分）

豚肩ロース薄切り肉
　… 8枚
エリンギ … 2本
サラダ油 … 大さじ1
A｜塩麹 … 大さじ1と½
　｜梅干し（塩分8％・手で
　｜　ちぎる）… 1個
　｜水、酒 … 各¼カップ

作り方

1 エリンギは手で縦8等分にさき、豚肉1枚で巻き、巻き終わりを手で軽く押さえる。全部で8個作る。

2 フライパンにサラダ油を中火で熱し、**1**の巻き終わりを下にして入れて焼く。とじめがくっついたら全体を転がしながら焼き色がつくまで焼く。

3 **2**に**A**を加えて混ぜ、落としぶたをして弱めの中火で3〜4分蒸し煮にする。ふたを取り、1分ほど煮つめる。

10分で
できる

お肉がやわらかに仕上がります

鶏ももと小松菜のしょうが塩麹煮

材料（2人分）

鶏もも肉 … 1枚（300g）
小松菜 … ¾把（150g）
塩麹 … 大さじ2
しょうが（粗みじん切り）
　… 1かけ
酒 … 大さじ2
水 … 大さじ2
ごま油 … 大さじ½

作り方

1 鶏肉は余分な脂肪と筋を取ってひと口大に切り、塩麹をもみ込む。小松菜は4cm長さに切る。

2 鍋に**1**の鶏肉、しょうが、小松菜の軸を順に重ね入れ、酒、水をまわしかける。中火にかけ、沸騰したらふたをして弱めの中火で3分蒸し煮にする。ふたを取り、肉の上下を返して小松菜の葉を加え、同様にふたをして4分蒸し煮にする。

3 器に**2**を盛り、ごま油をたらす。

10分で できる

豚バラの脂もさっぱり食べられる

豚バラと白菜、ミニトマトの塩麹重ね煮

材料（2人分）

豚バラ薄切り肉 … 200g
白菜 … 1/8株（400g）
ミニトマト（赤）… 6個
A｜塩麹 … 大さじ2
　｜酒 … 1/4カップ

作り方

1 白菜はざく切りにする。豚肉は4～5cm幅に切る。

2 フライパンに白菜の軸、豚肉、白菜の葉、ミニトマトの順に重ね入れ、**A**をまわしかける。強火にかけ、煮立ったらふたをして6～7分蒸し煮にし、汁ごと器に盛る。

POINT
お好みでマヨネーズ大さじ2、ごま油小さじ1を混ぜたたれをかけて食べてもおいしい！

これもおいしい 豚バラとキャベツ、ミニトマトの塩麹重ね煮

「豚バラと白菜、ミニトマトの塩麹重ね煮」の白菜1/8株（400g）→キャベツ1/4個に替え、同様に作る。

12分で できる

やさしい味わいににんにくがアクセント！

鶏むねとズッキーニのミルク塩麹煮

材料（2人分）

鶏むね肉 … 1枚（300g）
ズッキーニ … 1本
にんにく（粗みじん切り）
　… 1かけ
塩麹 … 大さじ2
酒 … 1/4カップ
牛乳 … 1/4カップ

作り方

1 鶏肉はフォークで全体を刺し、8mm厚さのそぎ切りにし、塩麹をもみ込む。ズッキーニは8mm厚さの輪切りにする。

2 鍋に**1**の鶏肉、ズッキーニの順に入れ、にんにくをちらして酒をまわしかける。中火にかけ、煮立ったらふたをして弱めの中火で6～7分蒸し煮にし、仕上げに牛乳を加えて1分ほど煮る。

10分でできる

麹効果で魚の臭みはなし！

ぶりと長ねぎのしょうゆ塩麹煮

材料（2人分）

ぶり … 2切れ
長ねぎ … 1本
A | 塩麹 … 大さじ3
　 | しょうゆ
　 | 　… 大さじ1と½
　 | 砂糖 … 小さじ1
　 | 酒 … ¼カップ

作り方

1 長ねぎは斜め薄切りにする。ぶりは水けをふく。Aは混ぜ合わせておく。

2 鍋に1のぶりを入れ、混ぜ合わせたAをまわしかけ、中火にかける。煮立ったら、ふたをして弱めの中火で4分蒸し煮にする。

3 ふたを取り、ぶりの上下を返して1の長ねぎを加え、同様にふたをして3分蒸し煮にする。

これもおいしい **かじきと長ねぎのしょうゆ塩麹煮**

「ぶりと長ねぎのしょうゆ塩麹煮」のぶり2切れ→かじき大2切れに替え、同様に作る。

ジュワッと口の中で広がるうまみを感じて

卵巾着のしょうゆ塩麹煮

13分でできる

材料（4個分）

油揚げ（ふっくらタイプ）
　… 2枚
卵 … 4個
小ねぎ（小口切り） … 2本
スパゲッティ … 2本
A | 水 … 1カップ
　 | 塩麹、しょうゆ
　 | 　… 各大さじ1
　 | 砂糖 … 大さじ½

作り方

1 油揚げはキッチンペーパーではさんで油をおさえ、ペーパーの上から油揚げの表面を包丁の背でやさしくこする。長さを半分に切ってやぶれないように袋状に開く。

2 小さな容器に1を1切れずつ入れる。油揚げの口を開いて小ねぎ1/4量、卵1個ずつを割り入れて適当な長さに折ったスパゲッティで留める。全部で4個作る。

3 小鍋にAを入れて中火にかけ、煮立ったら2をそっと並べ入れ、落としぶたをして弱めの中火で5分煮る。そっと裏返してさらに4分煮る。

145

辛うま煮

コチュジャン、ゆずこしょう、カレー粉、白菜キムチ。ひとさじ加えることで食欲をかき立てる煮ものになります。お好きな辛さに調整して楽しんでください。

POINT
コチュジャンは汁ものにちょい足しや、しょうゆとごま油を合わせてお刺身とあえるのもおすすめ。

10分でできる

絶妙な辛うまさに心を奪われる
牛肉とにんじんのコチュジャン煮

材料（2～3人分）

牛切り落とし肉 … 200g
にんじん … 1本
塩、こしょう … 各適量
ごま油 … 大さじ1
A　水 … ¾カップ
　　にんにく（すりおろし） … 1かけ
　　酒、しょうゆ … 各大さじ1と½
　　コチュジャン … 小さじ4
　　砂糖 … 小さじ2

作り方

1 にんじんは5～6cm長さに切り、7～8mm幅の拍子木切りにする。牛肉は大きければ食べやすい大きさに切り、塩、こしょうをふる。Aは混ぜ合わせておく。

2 鍋にごま油を中火で熱し、1の牛肉を炒める。肉の色が変わったら、にんじんを加えて2分ほど炒める。

3 全体に油がまわったら混ぜ合わせたAを加える。煮立ったらふたをして弱めの中火で4～5分蒸し煮にする。

これもおいしい　豚肉とにんじんのコチュジャン煮

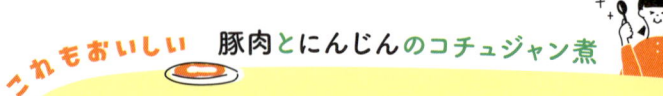

「牛肉とにんじんのコチュジャン煮」の牛切り落とし肉200g→豚切り落とし肉200gに替え、同様に作る。

13分でできる

ゆずこしょうのさわやかな辛さが◎

鶏ももとえのきの ゆずこしょう煮

材料（2〜3人分）

鶏もも肉 … 1枚（300g）
えのきたけ … 1パック
塩、こしょう … 各適量
サラダ油 … 大さじ1
A だし汁 … 1カップ
　 酒、しょうゆ
　　 … 各大さじ1
　 みりん … 小さじ2
　 ゆずこしょう
　　 … 小さじ1
　　 〜大さじ½

作り方

1 えのきたけは根元を切り落とし、ほぐす。鶏肉は余分な脂肪と筋を取り、ひと口大に切って塩、こしょうをふる。

2 フライパンにサラダ油を中火で熱し、1の鶏肉を皮目から2〜3分焼く。焼き色がついたら裏返し、鶏肉の横にえのきたけを入れ、同時に1〜2分焼く。

3 2にAを加えて混ぜ、煮立ったらふたをして弱めの中火で5分ほど蒸し煮にする。

10分でできる

発酵食品のうまみが炸裂！

豚バラともやしのキムチチーズ鍋

材料（2人分）

豚バラ薄切り肉 … 200g
もやし … 1パック
白菜キムチ … 150g
溶けるチーズ … 50g
ごま油 … 大さじ1
A 水 … 2と½カップ〜
　　 3カップ
　 コチュジャン
　　 … 大さじ1
　 酒、しょうゆ
　　 … 各大さじ1
　 鶏ガラスープの素
　　 … 小さじ2

作り方

1 豚肉は6㎝幅に切る。Aは混ぜ合わせておく。

2 鍋にごま油を中火で熱し、1の豚肉を炒める。色が変わったら、白菜キムチを加えて2分ほど炒める。

3 2に混ぜ合わせたAを加え、煮立ったらもやし、溶けるチーズを加えてふたをし、中火で1〜2分蒸し煮にする。

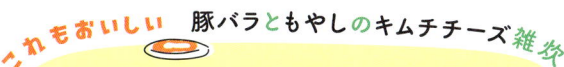

これもおいしい　豚バラともやしのキムチチーズ雑炊

「豚バラともやしのキムチチーズ鍋」を作り、温かいごはん200gを加えてひと煮する。

8分でできる

大人のあっさりカレー味

ささみと長ねぎ、油揚げの和風カレー煮

材料（2人分）

鶏ささみ（筋なし）… 4本
長ねぎ … ¾本
油揚げ … 1枚
A | 塩 … 小さじ¼
　 | 酒 … 小さじ2
片栗粉 … 大さじ2
B | 水 … 1と½カップ
　 | めんつゆ（3倍濃縮）
　 | 　… 大さじ3
　 | カレー粉 … 小さじ½
塩、こしょう … 各適量

作り方

1 長ねぎは8mm厚さの斜め薄切りにする。油揚げは1cm幅の細切りにする。鶏肉は3等分のそぎ切りにし、Aを順にもみ込み、片栗粉をまぶす。

2 鍋にBを入れて中火にかけ、煮立ったら1の鶏肉を加えて煮る。肉の色が変わってきたら、長ねぎ、油揚げの順に加え、弱めの中火で3～4分煮て、塩、こしょうで味をととのえる。

10分でできる

コクうまの酸味がたまらない

豚ひきとトマトの酸辣湯煮 （サンラータン）

材料（2人分）

豚ひき肉 … 200g
にら … ½把（50g）
トマト … 2個
にんにく（粗みじん切り）
　… 1かけ
ごま油 … 大さじ1
A | 水 … 1カップ
　 | 酢 … 大さじ1と½
　 | 酒、しょうゆ
　 | 　… 各大さじ1
　 | 鶏ガラスープの素、
　 | 　砂糖 … 各小さじ1
　 | 塩 … 小さじ¼
　 | ラー油 … 小さじ1
水溶き片栗粉
　 | 片栗粉 … 小さじ2
　 | 水 … 大さじ1

作り方

1 にらは5cm長さに切る。トマトはざく切りにする。Aは混ぜ合わせておく。

2 鍋にごま油、にんにくを入れて弱めの中火で熱し、香りが出たらひき肉を加えて炒める。肉の色が変わったら、混ぜ合わせたAを加えて煮る。

3 煮立ったらトマト、にらを加えて1～2分煮て、水溶き片栗粉を加えて混ぜながらとろみがつくまで煮る。

これもおいしい 温奴の酸辣湯あんかけ

耐熱容器に絹ごし豆腐1丁（350g）をのせ、ふんわりとラップをかけて電子レンジで2分加熱し、水けをきって大きめにくずす。「豚ひきとトマトの酸辣湯煮」を作り、豆腐にかける。

辛うま煮

10分でできる

キムチ好きに絶対食べてほしい！

あさりと豆腐のキムチ煮

材料（2人分）

あさり（砂出し済み）
　… 200g
木綿豆腐 … 1丁（350g）
白菜キムチ … 150g
ごま油 … 大さじ1
A　水 … 1と½カップ
　　すりごま（白）、酒、
　　しょうゆ、コチュジャン
　　… 各大さじ1
　　塩 … 小さじ¼
　　砂糖 … ふたつまみ

作り方

1 白菜キムチは食べやすい大きさに切る。あさりは殻と殻をこすり合わせて洗い、水けをきる。

2 鍋にごま油を中火で熱し、**1**の半量のキムチを炒め、香りが出たら**A**を加えて混ぜる。煮立ったらあさり、手でちぎった豆腐、残りのキムチを加え、あさりの口が開くまでふたをして4〜5分蒸し煮にする。

POINT

白菜キムチの半量を先に炒めてうまみを引き出し、残りは具として加え、食感を楽しみます。

なすの代わりにズッキーニでもおいしい！

シーフードミックスのカレースープ煮

材料（2人分）

シーフードミックス（冷凍）
　… 250g
なす … 2個
玉ねぎ … ½個
にんにく（粗みじん切り）
　… 1かけ
オリーブオイル … 大さじ1
カレー粉 … 大さじ½
A　水 … 1と½カップ
　　ウスターソース
　　… 大さじ½
　　顆粒コンソメスープ
　　の素 … 小さじ2
　　塩 … 小さじ¼
バター … 10g

作り方

1 シーフードミックスは流水で解凍して水けをふく。玉ねぎは薄切りにし、なすは長さを半分に切ってから縦4等分に切る。**A**は混ぜ合わせておく。

2 鍋にオリーブオイル、にんにくを入れて弱めの中火で熱し、香りが出たら**1**のなす、玉ねぎを炒める。

3 全体に油がまわったら**1**のシーフードミックスを加えて炒め、色が変わったらカレー粉を加えて1分ほど炒める。混ぜ合わせた**A**を加え、ふたをして弱めの中火で3〜4分蒸し煮にし、仕上げにバターを加えてさっと煮る。

10分でできる

コンソメ煮

洋風だしの代表といえばコンソメスープの素。メイン食材と野菜をさっと煮るだけで満足感のあるひと皿に。ケチャップやカレー粉、しょうゆをちょい足しするのもおすすめです。

POINT
キャベツは蒸し煮にすることで甘みが増しておいしさが倍増！くたくたの食感もやみつきです。

12分でできる

食べればロールキャベツそのもの！

ミートボールのケチャップコンソメ煮

材料（2人分）

豚ひき肉 … 250g
キャベツ … ¼個
A 塩 … 小さじ¼
　　 酒 … 大さじ½
　　 片栗粉 … 大さじ1
B 水 … 2カップ
　　 顆粒コンソメスープの素
　　　 … 小さじ2
　　 トマトケチャップ
　　　 … 大さじ1と½

作り方

1 キャベツはざく切りにする。ひき肉に**A**を順に加えて混ぜ、8等分の平たい円形に形を整える。

2 鍋に**B**を入れてよく混ぜる。中火にかけて煮立ったら**1**の肉だねを加え、再び煮立ったら上下を返し、2〜3分煮る。

3 キャベツを加え、ふたをして弱めの中火でときどき上下を返しながら6〜7分蒸し煮にする。

これもおいしい　チキンボールのコンソメ煮

「ミートボールのケチャップコンソメ煮」の豚ひき肉250g→鶏ひき肉250gに替える。**B**のトマトケチャップを加えず、同様に作り、お好みで粒マスタードを添える。

10分でできる

さっぱりだけどコクもある

豚しゃぶと ピーラーにんじんの コンソメ煮

材料（2人分）

豚ロースしゃぶしゃぶ用肉
　… 200g
にんじん … ½本
A｜水 … 1と½カップ
　｜顆粒コンソメスープ
　｜　の素 … 小さじ2
塩、こしょう … 各適量

作り方

1 にんじんはピーラーで1cm幅の薄い帯状に削る。

2 鍋にAを入れてよく混ぜて中火にかける。煮立ったら**1**、豚肉を入れ、ふたをして弱めの中火でときどき混ぜながら4〜5分蒸し煮にする。塩、こしょうで味をととのえる。

14分でできる

れんこんとコンソメ風味が合う

れんこんのチキンラタトゥイユ

材料（2人分）

鶏もも肉 … ½枚（150g）
れんこん … 1節（180g）
トマト … 1個
にんにく（粗みじん切り）
　… 1かけ
オリーブオイル
　… 大さじ1
塩、こしょう … 各適量
A｜酒 … ¼カップ
　｜顆粒コンソメスープ
　｜　の素 … 小さじ2

作り方

1 れんこんは3mm厚さのいちょう切りにし、水にさっとさらして水けをきる。トマトはざく切りにする。鶏肉は小さめのひと口大に切る。

2 鍋にオリーブオイル、にんにくを入れて弱めの中火で熱し、香りが出たら**1**の鶏肉を入れて塩、こしょうして炒める。肉の色が変わったら、れんこんを加えて2分炒める。

3 全体に油がまわったら、A、トマトを加えて混ぜ、ふたをして弱めの中火で6〜7分蒸し煮にし、塩、こしょうで味をととのえる。器に盛り、お好みでドライパセリをかける。

151

10分でできる

バターは最後に加えて

鮭とスナップえんどうの コンソメじょうゆ煮

材料（2人分）

生鮭 … 3切れ
スナップえんどう
　… 12さや
塩、こしょう … 各適量
サラダ油 … 小さじ2
A　水 … 1カップ
　　顆粒コンソメスープ
　　の素 … 大さじ½
　　しょうゆ … 小さじ1
バター … 10g

作り方

1 スナップえんどうは筋とへたを取る。鮭は水けをふいて骨を取り除き、3等分に切って塩、こしょうをふる。

2 フライパンにサラダ油を中火で熱し、1の鮭を入れて焼く。全体に焼き色がついたらAを入れてよく混ぜ、スナップえんどうも加える。

3 煮立ったらふたをして弱めの中火で4〜5分蒸し煮にする。塩、こしょうで味をととのえ、バターを加えてさっと煮る。

10分でできる

野菜もたっぷり食べられる

牛肉と赤パプリカのカレーコンソメ煮

材料（2人分）

牛切り落とし肉 … 200g
パプリカ（赤）… ½個
玉ねぎ … ½個
A　水 … 1と½カップ
　　顆粒コンソメスープ
　　の素 … 大さじ½
　　カレー粉 … 小さじ½
塩、こしょう … 各適量

作り方

1 パプリカ、玉ねぎは2cm角に切る。牛肉は大きければ食べやすい大きさに切る。

2 鍋にAを入れて中火にかけ、煮立ったら牛肉を加える。色が変わったらアクを取り除く。

3 2にパプリカ、玉ねぎを加え、ふたをして弱めの中火で5〜6分蒸し煮にし、塩、こしょうで味をととのえる。

これもおいしい **豚肉と赤パプリカのカレーコンソメ煮**

「牛肉と赤パプリカのカレーコンソメ煮」の牛切り落とし肉200g→豚切り落とし肉200gに替え、同様に作る。

12分で
できる

ベーコンのうまみを大根に吸わせて

ベーコンと薄切り大根の コンソメ煮

材料（2人分）

ブロックベーコン … 100g

大根 … 5〜6cm

A　水 … 1と½カップ

　　酒 … 大さじ1

　　顆粒コンソメスープ
　　　の素 … 大さじ½

塩、こしょう … 各適量

作り方

1 大根は切り口を下に置き、縦に3mm厚さの薄切りにする。ブロックベーコンは5mm厚さに切ってから3等分に切る。

2 鍋にA、1を入れて中火にかけ、煮立ったらふたをして弱めの中火で8〜10分蒸し煮にする。

POINT
ブロックベーコンがない場合、スライスベーコン3枚を5cm幅に切って煮てください。

コンソメの素と酒だけで十分おいしい！

ウインナーとブロッコリー、ミニトマトのポトフ

10分で
できる

材料（2人分）

ウインナーソーセージ
　… 4本

ブロッコリー … ½株

玉ねぎ … ½個

ミニトマト(赤) … 8個

にんにく(薄切り)
　… ½かけ

A　水 … 2と½カップ

　　顆粒コンソメスープ
　　　の素 … 大さじ½

　　酒 … 大さじ2

塩、こしょう … 各適量

作り方

1 玉ねぎは6等分のくし形切りにする。ブロッコリーは小房に分ける。ウインナーは斜めに切り込みを入れる。

2 鍋にA、にんにくを入れて中火にかけ、煮立ったらウインナー、玉ねぎを入れる。3分ほど煮たら、ブロッコリー、ミニトマトを加えて2分ほど煮て、塩、こしょうで味をととのえる。

  ショートパスタ入りポトフ

「ウインナーとブロッコリー、ミニトマトのポトフ」を作り、ウインナーと玉ねぎを入れるタイミングで早ゆでペンネ（3分ゆで）40gを加え、同様に作る。

153

トースターでおつまみ

手軽な肉＆魚介加工品、冷凍ポテト、ギョウザの皮が粋なおつまみに大変身！
調理はすべてトースターにおまかせ！ぜひできたてを味わって。

間違いない組み合わせ！

ちくわの磯辺マヨ焼き

7分でできる

材料（2人分）

ちくわ … 2本
A｜マヨネーズ … 大さじ2
　｜粉チーズ … 小さじ1
　｜青のり粉 … 小さじ½

作り方

1 ちくわは縦半分に切ってからさらに長さを斜め半分に切る。

2 Aは混ぜ合わせ、1の溝に入れる。

3 オーブントースターの天板にくっつきにくいタイプのアルミホイルを敷く。2をのせて4〜5分焼く。

お弁当のおかずにも使える

冷凍ポテトの肉巻き焼き

11分でできる

材料（2人分）

冷凍ポテト（細切りタイプ） … 20本
豚ロースしゃぶしゃぶ用肉 … 4枚
塩、こしょう … 各少々
A｜トマトケチャップ … 小さじ2
　｜ウスターソース、しょうゆ … 各小さじ1

作り方

1 豚肉は1枚ずつ塩、こしょうをふり、冷凍ポテトを1/4量ずつのせてきつく巻く。

2 Aは混ぜ合わせておく。

3 オーブントースターの天板にくっつきにくいタイプのアルミホイルを敷く。1の巻き終わりを下にしてのせ、8分焼く（途中取り出して上下を返す）。器に盛り、2をかける。

余ったギョウザの皮が大活躍！

ツナとオリーブのミニピザ

7分でできる

材料（2人分）

ギョウザの皮 … 4枚
ツナ油漬け缶 … 小½缶（35g）
A｜マヨネーズ … 小さじ2
　｜みそ … 小さじ1
黒オリーブ（ドライパック） … 適量

作り方

1 オーブントースターの天板にくっつきにくいタイプのアルミホイルを敷き、ギョウザの皮をのせる。

2 ツナ缶は缶汁をきり、Aと混ぜ合わせる。1にぬり、オリーブをのせる。

3 オーブントースターで3〜5分焼く。

大人も子どもも大好き♡

濃厚ハムチーズカツ

12分でできる

材料（2人分）

スライスハム … 8枚
スライスチーズ（溶けるタイプ） … 2枚
A｜マヨネーズ … 大さじ2
　｜薄力粉 … 小さじ1
パン粉、お好みのソース … 各適量

作り方

1 ハム2枚は1組とする。ハム1組の上にチーズ1枚をのせて四隅を少し内側に折り、もう1組のハムをのせる。混ぜ合わせたAを両面にぬり、パン粉をまぶしつける。これをもう1個作る。

2 オーブントースターの天板にくっつきにくいタイプのアルミホイルを敷き、両面合わせて10分焼く。器に盛り、ソースをかける。

10分で**あえもの**50品！
サラダ50品！
汁もの50品！

主菜は決まっても副菜を考えるのって意外と面倒。
そんなお悩みを解決すべく、材料はできるだけ少なく、
手間も極力省いた小さなおかずと汁もの計150品を揃えました。
これだけあれば、マンネリとはサヨナラです。

ごまあえ

栄養価が高いごまの衣をたっぷりあえて。
冷めてもおいしくて作りおきに向くので
お弁当の副菜としても重宝します。

5分で
できる

6分で
できる

POINT
野菜を塩ゆでしたらざるにあげ、水けをきってからごまの衣とあえてください。

栄養バツグンの組み合わせ
ブロッコリーのごまあえ

材料（2人分）

ブロッコリー … 大½株
A すりごま（白）
　　… 大さじ2
　砂糖、しょうゆ
　　… 各小さじ2
　ごま油 … 小さじ1

作り方

1 ブロッコリーは小房に分ける。鍋に湯を沸かし、沸騰したら2分ほど塩ゆで（分量外）し、水けをきる。

2 ボウルにAを入れて混ぜ合わせ、1を加えてあえる。

★冷蔵で3日保存可能。

お弁当のスキマおかずにも！
にんじんのごまあえ

材料（2人分）

にんじん … 1本
A すりごま（白）
　　… 大さじ2
　砂糖、しょうゆ
　　… 各小さじ2

作り方

1 にんじんは1cm幅で4cm長さの短冊切りにする。

2 鍋に湯を沸かし、沸騰したら1を2分ほどゆで、水けをきる。

3 ボウルにAを入れて混ぜ合わせ、2を加えてあえる。

★冷蔵で3日保存可能。

 これもおいしい **カリフラワー**のごまあえ

「ブロッコリーのごまあえ」ブロッコリー大½株→カリフラワー⅓株に替え、同様に作る。

5分でできる

水けは二度しぼるのがコツ

ほうれん草のごまみそあえ

材料（2人分）

ほうれん草 … 1把(200g)

A｜すりごま(白)
　　… 大さじ3
　｜砂糖 … 大さじ1
　｜水 … 大さじ½
　｜しょうゆ … 小さじ2
　｜みそ … 小さじ1

作り方

1 フライパンに湯（1ℓ・分量外）を沸かし、沸騰したら塩小さじ1（分量外）を入れ、ほうれん草を根元から先に入れ、30秒したら全体をしずめて30秒ゆでる。冷水にさらして水けをしぼり、4〜5㎝長さに切る。

2 ボウルにAを入れて混ぜ合わせ、1の水けをもう一度しぼってから加え、ほぐしながらあえる。

★冷蔵で3日保存可能。

無性に食べたくなる！

いんげんのごまチーズあえ

5分でできる

材料（2人分）

さやいんげん
　　… 10〜12本(100g)

A｜すりごま(白)
　　… 大さじ2
　｜粉チーズ、しょうゆ
　　… 各大さじ½
　｜水 … 小さじ1

作り方

1 フライパンにさやいんげん、水1/2カップ、塩小さじ1/4（ともに分量外）を入れて中火にかけ、煮立ったらふたをして2〜3分蒸しゆでにする。冷水に30秒さらして水けをふき、3等分の長さに切る。

2 ボウルにAを入れて混ぜ合わせ、1の水けをふいてから加えてあえる。

★冷蔵で3日保存可能。

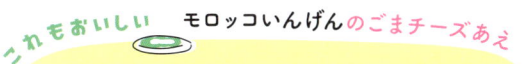

これもおいしい モロッコいんげん のごまチーズあえ

「いんげんのごまチーズあえ」のさやいんげん10〜12本（100g）→モロッコいんげん100gに替える。3㎝長さに切り、同様に作る。

6分でできる

切り干し大根はレンジでもどすとラク！

切り干し大根のごまあえ

材料（2人分）

切り干し大根 … 30g

A｜いりごま(白)
　　… 大さじ1と½
　｜砂糖、しょうゆ、酢
　　… 各小さじ2
　｜塩 … ふたつまみ

作り方

1 切り干し大根はさっと洗って汚れを落とし、耐熱容器に入れ、ひたひたの水（分量外）を注ぐ。ふんわりとラップをかけて電子レンジで2分加熱する。粗熱がとれたら水けをしぼる。

2 ボウルにAを入れて混ぜ合わせ、1を加えてあえる。

★冷蔵で3日保存可能。

ナムル

ナムルはとってもお手軽なうえ、
和洋中のどんなおかずにも合う万能な副菜です。
倍量でたっぷり作るのもおすすめ。

8分でできる

6分でできる

POINT
野菜をレンチンして、粗熱がとれてから調味料とあえると味がぼやけずピタリと決まります。

えびの風味がパワフル

キャベツと桜えびのナムル

材料（2人分）

キャベツ … ¼個
桜えび（乾燥）… 5g
A　鶏ガラスープの素
　　　… 小さじ1
　　ごま油 … 小さじ2

作り方

1 キャベツはひと口大のざく切りにする。耐熱容器に入れて水大さじ1（分量外）を加え、ふんわりとラップをかけて電子レンジで4分加熱し、水けをきる。

2 ボウルにAを入れて混ぜ合わせ、1の粗熱がとれたら、桜えびと一緒に加えてあえる。

レンチン1回で完了！

2色パプリカのごまナムル

材料（2人分）

パプリカ（赤・黄）… 各½個
A　いりごま（白）
　　　… 小さじ2
　　塩 … 小さじ¼
　　　～小さじ⅓
　　ごま油 … 小さじ2

作り方

1 パプリカは8mm幅の細切りにする。耐熱容器に入れてふんわりとラップをかけ、電子レンジで2～3分加熱し、水けをきる。

2 ボウルにAを入れて混ぜ合わせ、1の粗熱がとれたら加えてあえる。

これもおいしい　ピーマンのごまナムル

「2色パプリカのごまナムル」のパプリカ（赤・黄）各½個→ピーマン3～4個に替え、同様に作る。

7分でできる

あっという間になくなっちゃう！

豆もやしのナムル

材料（2人分）

豆もやし … 1パック(200g)
A 鶏ガラスープの素
　　… 小さじ1
　にんにく(すりおろし)
　　… ¼かけ
　塩、こしょう … 各少々
　ごま油 … 大さじ1

作り方

1 鍋に豆もやしを入れ、豆もやしの半量くらいまで水（分量外）を注ぐ。塩、酢各少々（いずれも分量外）を加えて強火にかけ、煮立ったら弱火にしてふたをし、3〜4分蒸しゆでにし、水けをきる。

2 ボウルにAを入れて混ぜ合わせ、1の粗熱がとれたら水けをしぼって加え、あえる。

ゆずこしょうの香りがマッチ！

小松菜のゆずこしょうナムル

材料（2人分）

小松菜 … 1把(200g)
A 塩 … 小さじ⅓
　ゆずこしょう
　　… 小さじ⅓〜½
　ごま油 … 小さじ2

作り方

1 フライパンに湯（1ℓ・分量外）を沸かし、沸騰したら塩小さじ1（分量外）を入れ、小松菜の根元から先に入れ、30秒したら全体をしずめて30秒ゆでる。冷水にさらして水けをしぼり、4cm長さに切る。

2 ボウルにAを入れて混ぜ合わせ、1の水けをもう一度しぼってから加え、ほぐすようにあえる。

5分でできる

これもおいしい **ほうれん草のゆずこしょうナムル**

「小松菜のゆずこしょうナムル」の小松菜1把（200g）→ほうれん草1把（200g）に替え、同様に作る。

新感覚☆無限ナムル

ひらひらズッキーニの洋風ナムル

5分でできる

材料（2人分）

ズッキーニ … 1本
スライスハム … 2枚
A 顆粒コンソメスープ
　　の素 … 大さじ½
　　〜小さじ2
　にんにく(すりおろし)
　　… 少々
　オリーブオイル
　　… 大さじ1

作り方

1 ズッキーニはピーラーで縦に帯状に薄切りにし、耐熱容器に入れる。水大さじ1（分量外）をふり、ふんわりとラップをかけ、電子レンジで1分加熱し、水けをきる。

2 ハムは8等分の放射状に切る。

3 ボウルにAを入れて混ぜ合わせ、1の粗熱がとれたら水けをしぼって加え、2も加えてあえる。

辛子あえ

控えめだけどピリリとした辛味がクセになります。
マヨネーズを加えれば辛味がマイルドに。
いつものおひたしにちょっと辛子を加えるだけでもOK。

5分で
できる

ちょこっとの辛子で味が決まる！
チンゲン菜の辛子あえ

材料（2人分）

チンゲン菜 … 大1株
かに風味かまぼこ … 2本
A｜しょうゆ … 小さじ2
　｜練り辛子 … 小さじ½
　｜　～小さじ1
　｜砂糖 … ふたつまみ

作り方

1 チンゲン菜は1枚ずつはがす。フライパンに湯（1ℓ・分量外）を沸かし、沸騰したら塩小さじ1（分量外）を入れ、チンゲン菜を根元から先に入れ、30秒したら全体をしずめて3分ほどゆでる。冷水にさらして水けをしぼり、軸は4～5cm長さの細切りにし、葉はざく切りにする。

2 かに風味かまぼこは手でほぐす。

3 ボウルにAを入れて混ぜ合わせ、2を加え、さらに1の水けをもう一度しぼってから加え、ほぐしながらあえる。

ツナ入りが新鮮
れんこんの辛子マヨあえ

材料（2人分）

れんこん … 1節（180g）
ツナ油漬け缶
　 … 小½缶（35g）
A｜マヨネーズ … 大さじ1
　｜練り辛子 … 小さじ½
　｜　～小さじ1
　｜砂糖 … ふたつまみ

作り方

1 れんこんは4mm厚さのいちょう切りにする。耐熱容器に入れてひたひたの水を注ぎ、酢小さじ1（分量外）を加え、ふんわりとラップをかけて電子レンジで3分ほど加熱する。

2 ツナ缶は缶汁をきる。

3 ボウルにAを入れて混ぜ合わせる。1の粗熱がとれたら水けをきって加え、2も加えてあえる。

6分で
できる

4分で
できる

ぜひ試してほしいおいしさ！
春菊の辛子あえ

材料（2人分）

春菊 … 1把（200g）
A｜しょうゆ … 小さじ2
　｜練り辛子 … 小さじ½
　｜　～小さじ1

作り方

1 フライパンに湯（1ℓ・分量外）を沸かし、沸騰したら塩小さじ1（分量外）を入れ、春菊を根元から先に入れ、30秒したら全体をしずめて30秒ゆでる。冷水にさらして水けをしぼり、4cm長さに切る。

2 ボウルにAを入れて混ぜ合わせ、1の水けをもう一度しぼってから加え、ほぐしながらあえる。器に盛り、お好みで練り辛子をのせる。

これもおいしい　菜の花の辛子あえ

「春菊の辛子あえ」の春菊1把（200g）→菜の花1把（200g）に替え、同様に作る。

甘酢あえ

こってり系や甘辛味のおかずのときは、甘酢あえのさっぱりした副菜が好相性。野菜がたっぷりと食べられる味つけです。

2分でできる

定期的に食べたくなります
長いもの梅甘酢あえ

材料（2人分）

長いも … 180g
A｜梅干し（塩分8%・種を除いて包丁でたたく）… 1個
　｜酢 … 小さじ1
　｜砂糖、しょうゆ … 各小さじ½〜小さじ1

作り方

1 長いもは皮をむいて5cm長さの拍子木切りにする。

2 ボウルにAを入れて混ぜ合わせ、1を加えてあえる。

うまみ素材にさきいかをプラス
たたききゅうりの甘酢あえ

材料（2人分）

きゅうり … 2本
さきいか … 20〜30g
A｜酢 … 大さじ1
　｜砂糖 … 大さじ½

作り方

1 きゅうりは塩小さじ1（分量外）をふって板ずりし、さっと洗う。ポリ袋に入れてめん棒などでたたき、ひと口大に割る。

2 ボウルにAを入れて混ぜ合わせ、1、さきいかを加えてあえる。

3分でできる

10分でできる

白菜のイチ押しレシピかも
白菜の甘酢あえ

材料（2人分）

白菜 … ⅛株（400g）
A｜酢 … 大さじ1
　｜砂糖 … 大さじ½

作り方

1 白菜の葉はざく切りにし、軸は5cm長さの細切りにする。ボウルに入れて塩小さじ1/2（分量外）をふってもみ込み、7分おいて水けをよくしぼる。

2 ボウルにAを入れて混ぜ合わせ、1を加えてあえる。

これもおいしい **キャベツの甘酢あえ**

「白菜の甘酢あえ」の白菜⅛株（400g）
→キャベツ¼個に替え、同様に作る。

おかかあえ

食材をシンプルに味わいたいときにおすすめ。
ポン酢しょうゆやしょうがをプラスすれば、
さっぱりといただける小鉢がすぐに完成します。

5分でできる

ポン酢しょうゆとおかかがマッチ

小松菜とちくわのポン酢おかかあえ

材料（2人分）

小松菜 … 1把(200g)
ちくわ … 2本
かつお節
　… 1パック(4g)
A｜ポン酢しょうゆ
　… 大さじ2
　オリーブオイル
　… 少々

作り方

1 フライパンに湯（1ℓ・分量外）を沸かし、沸騰したら塩小さじ1（分量外）を入れ、小松菜を根元から先に入れ、30秒したら全体をしずめて30秒ゆでる。冷水にさらして水けをしぼり、4〜5cm長さに切る。

2 ちくわは縦半分に切り、細切りにする。

3 ボウルに1、2、かつお節を入れてあえてから、Aを加えてさらにあえる。

レンチンで作れるからラク！

えのきとしめじのおかかあえ

材料（2人分）

えのきたけ … 1パック
しめじ … 1パック
A｜酒 … 大さじ½
　塩 … 少々
かつお節
　… 小1パック(4g)
B｜しょうゆ … 大さじ½
　ごま油 … 少々

作り方

1 えのきたけは根元を切り落とし、3等分に切る。しめじも根元を切り落とし、小房に分ける。

2 耐熱容器に1を広げ入れ、Aをふり、ふんわりとラップをかけて電子レンジで2分加熱し、そのまま1分蒸らす。

3 2の汁けをきってボウルに入れ、かつお節であえてから、Bを加えてさらにあえる。

6分でできる

5分でできる

箸休めにちょうどいい

オクラのおかかしょうがあえ

材料（2人分）

オクラ … 10本
かつお節 … 1パック(4g)
A｜しょうが（すりおろし）
　… ½かけ
　しょうゆ … 大さじ½
　砂糖 … 小さじ¼

作り方

1 オクラはガクをぐるりとむいて塩小さじ1（分量外）をまぶし、両手でこすり合わせる。さっと洗って竹串でオクラ全体を刺す。

2 耐熱容器に1を入れ、ふんわりとラップをかけて電子レンジで1分加熱する。冷水にとって水けをよくきり、斜め2〜3等分に切る。

3 ボウルに2を入れ、かつお節であえてから、Aを加えてさらにあえる。

これもおいしい トマトのおかかしょうがあえ

「オクラのおかかしょうがあえ」のオクラ10本→トマト大1個に替える。ひと口大に切り、同様にかつお節、Aを加えてあえる。

白あえ

たんぱく質もとれて、ボリュームもアップします。
ポイントは豆腐の水けをしっかりときること。
こうすると味がぼやけず、おいしく仕上がります。

6分でできる

粉チーズをあえ衣にプラス

にんじんのチーズ白あえ

材料（2人分）

にんじん … 1本
木綿豆腐 … ½丁(175g)
A すりごま(白)
　　… 大さじ3
　粉チーズ … 大さじ1
　しょうゆ、砂糖
　　… 各小さじ1
　塩 … 小さじ¼

作り方

1 豆腐は粗くくずしてキッチンペーパーの上にのせ、5分おく。

2 にんじんはせん切りにする。耐熱容器に入れて塩少々（分量外）をふり、ふんわりとラップをかけて電子レンジで1分〜1分30秒加熱し、冷ます。

3 ボウルに1、Aを入れて混ぜ合わせ、水けをきったにんじんを加えてあえる。

マヨ入りでコクアップ！

アスパラのマヨ白あえ

材料（2人分）

アスパラガス … 4〜5本
木綿豆腐 … ½丁(175g)
A すりごま(白)
　　… 大さじ3
　マヨネーズ … 大さじ1
　しょうゆ、砂糖
　　… 各小さじ1
　塩 … 小さじ¼

作り方

1 豆腐は粗くくずしてキッチンペーパーの上にのせ、5分おく。

2 アスパラガスは根元を少し切り落とし、かたい皮をピーラーでむき、斜め4等分に切る。さっと水にくぐらせてからふんわりとラップで包み、耐熱皿にのせて電子レンジで1分〜1分30秒加熱する。ラップをはずして粗熱をとる。

3 ボウルに1、Aを入れて混ぜ合わせ、水けをきった2を加えてあえる。

6分でできる

6分でできる

子どもも食べやすい組み合わせ

枝豆とコーンの白あえ

材料（2人分）

むき枝豆(冷凍) … 40g
ホールコーン水煮缶 … ⅓缶(40g)
木綿豆腐 … ½丁(175g)
A すりごま(白)
　　… 大さじ3
　しょうゆ、砂糖
　　… 各小さじ1
　塩 … 小さじ¼

作り方

1 豆腐は粗くくずしてキッチンペーパーの上にのせ、5分おく。

2 枝豆は解凍し、水けをきる。コーン缶は缶汁をきる。

3 ボウルに1、Aを入れて混ぜ合わせ、2を加えてあえる。

これもおいしい  アボカドの白あえ

「枝豆とコーンの白あえ」のむき枝豆(冷凍)40g、ホールコーン水煮缶40g→アボカド1個(180g)に替える。アボカドは種と皮を取ってひと口大に切り、同様に作る。

おろしあえ

食欲がなくてもさっぱり食べられるのに
栄養価が高い大根おろし。
ただあえるだけで見た目も華やかになります。

5分でできる

焼き魚のつけ合わせにも
なめこのおろしあえ

材料（2人分）

なめこ … 1パック
かいわれ菜 … ¼パック
大根おろし … 5～6㎝
しょうゆ … 小さじ2

作り方

1 鍋に湯を沸かし、なめこをざるに入れてさっとゆでる。洗ってぬめりを取り、水けをきる。

2 大根おろしは軽く水けをしぼる。かいわれ菜は根元を切り落とし、長さを3等分に切る。

3 ボウルに1、2を入れてあえる。器に盛り、しょうゆをかける。

これもおいしい なめこの梅おろしあえ

「なめこのおろしあえ」に梅干し1個を手でちぎって加え、あえる。

おいしくてあっという間になくなりそう！
なすと小ねぎのおろしあえ

材料（2人分）

なす … 1個
小ねぎ … 1～2本
大根おろし … 5～6㎝
ごま油 … 小さじ1
めんつゆ（3倍濃縮）
　… 大さじ1

作り方

1 なすは小さめの乱切りにする。耐熱容器に入れてめんつゆ、ごま油の順にからめる。ふんわりとラップをかけ、電子レンジで3～4分加熱する。小ねぎは斜め2㎝長さに切る。

2 大根おろしは軽く水けをしぼる。

3 ボウルに1、2を入れてあえる。器に盛り、お好みで七味唐辛子をかける。

6分でできる

6分でできる

たくあんのポリッとした食感が楽しい
オクラとたくあんのおろしあえ

材料（2人分）

オクラ … 4本
たくあん … 30g
納豆 … 1パック（40g）
大根おろし … 5～6㎝
A｜納豆付属のたれ
　｜　… 1パック
　｜しょうゆ … 小さじ1
　｜こしょう … 少々

作り方

1 オクラはガクをぐるりとむいて塩小さじ1（分量外）をまぶし、両手でこすり合わせる。竹串でオクラ全体を刺して耐熱容器に並べ、ふんわりとラップをかけて電子レンジで30秒～1分加熱する。冷水にとって水けをよくきり、1㎝厚さの小口切りにする。

2 大根おろしは軽く水けをしぼる。たくあんは粗みじん切りにする。

3 ボウルに1、2、納豆、Aを入れてあえる。

しらすあえ

しらすのやさしい塩けとうまみが
野菜のおいしさを引き立ててくれます。
お好みでたっぷり加えても!

**3分で
できる**

この組み合わせはやっぱり最強

ミニトマトの青じそしらすあえ

材料（2人分）

ミニトマト … 8〜10個
しらす … 30g
青じそ … 3〜4枚
A　しょうゆ … 小さじ1
　　〜大さじ½
　　オリーブオイル
　　… 小さじ2

作り方

1 ミニトマトは縦半分に切る。青
じそは手で細かくちぎる。

2 ボウルにAを合わせ、**1**、しらす
を加えてあえる。

これもおいしい 長いもの青じそしらすあえ

「ミニトマトの青じそしらすあえ」のミニトマト8〜10個 →長い
も180gに替える。長いもは太めのせん切りにし、同様に作る。

豆苗の香りもごちそう

豆苗のしらすしょうがあえ

材料（2人分）

豆苗 … 1パック
しらす … 30g
A　しょうが(すりおろし)
　　… ½かけ
　　白だし … 小さじ1
　　〜大さじ½

作り方

1 豆苗は根元を切り落とし、長さ
を3等分に切る。耐熱容器に入
れ、ふんわりとラップをかけて
電子レンジで1分〜1分30秒加
熱する。ざるにあげて水けをき
り、粗熱をとる。

2 ボウルにAを合わせ、**1**、しらす
を加えてあえる。

**5分で
できる**

**6分で
できる**

ごま油をまとわせて

チンゲン菜のしらすあえ

材料（2人分）

チンゲン菜 … 2株
しらす … 20〜30g
A　しょうゆ … 小さじ1
　　〜大さじ½
　　ごま油 … 小さじ2

作り方

1 チンゲン菜は1枚ずつはがす。
フライパンに湯1ℓ（分量外）を
沸かし、沸騰したら塩小さじ1
（分量外）を入れ、チンゲン菜を
根元から先に入れ、30秒した
ら全体をしずめて2〜3分ゆでる。
冷水にさらして水けをしぼり、3
〜4cm長さに切る。

2 ボウルにAを合わせ、**1**、しらす
を加えてあえる。

たらマヨあえ

みんなが大好きなたらこ&マヨネーズ。
それだけで味がピタリと決まるので、
調味料をあれこれ入れなくてもいいのもうれしい。

リクエストの多い副菜です

じゃがいものたらマヨあえ

7分でできる

材料（2人分）

じゃがいも … 2個
A 甘塩たらこ（キッチンばさみで
　　細かく切る）… ½腹(40g)
　マヨネーズ … 大さじ2
　レモン汁 … 小さじ1
　塩、こしょう … 各適量

作り方

1 じゃがいもはせん切りにし、水にさっとさらして水けをきる。沸騰した湯で3〜4分ゆで、水けをきり、粗熱をとる。

2 ボウルにAを入れて混ぜ合わせ、1を加えてあえる。

これもおいしい カリフラワーのたらマヨあえ

「じゃがいものたらマヨあえ」のじゃがいも2個→カリフラワー⅓株に替え、小房に分ける。耐熱容器に入れて水大さじ1をふり、ふんわりとラップをかけて電子レンジで3分加熱し、同様にAを加えてあえる。

ビールのおつまみにも！

ゴーヤーのたらマヨあえ

5分でできる

材料（2人分）

ゴーヤー…½本
A 甘塩たらこ
　（キッチンばさみで
　細かく切る）
　… ½腹(40g)
　マヨネーズ
　… 大さじ1

作り方

1 ゴーヤーは両端を切り落とし、縦半分に切ってから種とわたをスプーンでこそげ取り、4〜5mm幅に切る。

2 鍋に湯を沸かし、沸騰したら1を1分ほど塩ゆで（分量外）し、水けをきり、冷ます。

3 ボウルにAを入れて混ぜ合わせ、2を加えてあえる。

5分でできる

調味料はたらことマヨだけ！

スナップえんどうのたらマヨあえ

材料（2人分）

スナップえんどう
　… 15さや
A 甘塩たらこ
　（キッチンばさみで
　細かく切る）
　… ½腹(40g)
　マヨネーズ … 大さじ1

作り方

1 スナップえんどうはへたと筋を取り、さっと水にくぐらせる。耐熱皿に重ならないように並べ、塩少々（分量外）をふり、ふんわりとラップをかけて電子レンジで1分30秒〜2分加熱し、冷水にさらして水けをふき、手で半分に割る。

2 ボウルにAを入れて混ぜ合わせ、1を加えてあえる。

塩昆布あえ

とにかくシンプルに作りたいときは、うまみたっぷりの塩昆布がおすすめ。これと野菜1品をあえるだけでOKです。

3分でできる

切ってあえるだけ！
トマトの塩昆布あえ

材料（2人分）

トマト … 2個
塩昆布 … 大さじ2(10g)
ごま油 … 小さじ2

作り方

1 トマトは2cm角に切る。

2 ボウルに塩昆布、ごま油を合わせ、1を加えてあえる。

これもおいしい　ミニトマトの塩昆布あえ

「トマトの塩昆布あえ」のトマト2個→ミニトマト8〜10個に替える。ミニトマトは縦半分に切り、同様に作る。

材料はたった2つ！
かぶの塩昆布もみあえ

材料（2人分）

かぶ … 2個
かぶの葉 … 1個分
塩昆布 … 大さじ3(15g)

作り方

1 かぶはよく洗って皮つきのまま縦半分に切り、3mm厚さの薄切りにする。かぶの葉は小口切りにする。

2 ポリ袋に1、塩昆布を入れ、しんなりするまでもむ。

4分でできる

3分でできる

うっとり！やみつきになる味
アボカドとクリームチーズの塩昆布あえ

材料（2人分）

アボカド … 1個(180g)
クリームチーズ(個包装タイプ)
　… 3個
A｜塩昆布 … 大さじ2(10g)
　｜しょうゆ … 小さじ1
　｜練りわさび(チューブ)
　｜　… 2cm
　｜ごま油 … 大さじ1/2

作り方

1 アボカドは種と皮を取って2cm角に切り、酢小さじ1（分量外）をまぶす。クリームチーズは1個を4等分に切る。

2 ボウルにAを合わせ、1を加えてあえる。

ザーサイあえ

ザーサイはそのまま食べるのはもちろん、調味料としても実はとっても優秀な食材。料理にうまみと深みをプラスしてくれます。

5分でできる

無限に食べられちゃう！
ピーマンのザーサイあえ

材料（2人分）

ピーマン … 4個
味付きザーサイ … 20g
A しょうゆ … 小さじ1
　 ごま油 … 大さじ½
　 こしょう … 少々

作り方

1 ピーマンは乱切りにする。ザーサイは粗く刻む。

2 耐熱容器に**1**のピーマンを入れ、ふんわりとラップをかけて電子レンジで2分〜2分30秒加熱する。

3 **2**に**A**、ザーサイを加えてあえる。

超速、超ラクの小鉢！
水菜と桜えびのザーサイあえ

材料（2人分）

水菜 … ⅔把
桜えび（乾燥）… 3g
味付きザーサイ … 30g
A めんつゆ（3倍濃縮）
　 … 大さじ½
　 オリーブオイル
　 … 小さじ1

作り方

1 水菜は5cm長さに切り、耐熱容器に入れる。ふんわりとラップをかけて電子レンジで1分30秒加熱する。

2 桜えび、ザーサイは粗く刻む。

3 **1**の水けをきり、**2**、**A**を加えてあえる。

4分でできる

6分でできる

この組み合わせはクセになる！
大根のザーサイあえ

材料（2人分）

大根 … 5〜6cm
味付きザーサイ … 30g
A しょうゆ … 小さじ1
　 ごま油 … 大さじ½

作り方

1 大根は3mm厚さの半月切りにし、塩少々（分量外）でもみ、5分おく。

2 ザーサイは粗く刻む。

3 **1**の水けをしぼってボウルに入れ、**2**、**A**を加えてあえる。

これもおいしい　セロリのザーサイあえ

「大根のザーサイあえ」の大根5〜6cm→セロリ1本に替える。茎は斜め薄切りにし、葉はざく切りにして同様に作る。

COLUMN*07

ごはんの友

あると安心のごはんの友。どのレシピもさっと煮るだけでOK！手作りのおいしさはやっぱり格別。作りおきにも最適です。

梅なめたけ

梅干し入りでさっぱり！

10分でできる

材料（作りやすい分量）

えのきたけ … 大2パック
酒 … 大さじ2
梅干し … 2個
A　しょうゆ … 大さじ2
　　みりん … 大さじ1と½
　　酢 … 小さじ1

作り方

1 えのきたけは根元を切り落とし、長さを2等分に切り、ほぐす。

2 鍋に1、酒を入れて中火にかけ、煮立ったらふたをして弱めの中火で3分蒸し煮にする。

3 2にAを加えて混ぜ、ふたをして弱火で3分ほど蒸し煮にする。手でちぎった梅干しを混ぜる。

★冷蔵で5日保存可能。

鶏みそそぼろ

みそを使ってコクうまに

10分でできる

材料（作りやすい分量）

鶏ひき肉 … 300g
A　しょうが（すりおろし）
　　… 1かけ
　　みそ、酒
　　… 各大さじ1と½
　　しょうゆ … 大さじ2
　　みりん … 大さじ1
　　砂糖 … 小さじ1

作り方

1 鍋にひき肉、Aを入れて菜箸でかき混ぜる。

2 中火にかけ、手早く混ぜながら煮る。ひき肉に火が通ったら、煮汁が少なくなるまで煮る。

★冷蔵で4日、冷凍で2週間保存可能。

これもおいしい 豚みそそぼろ

「鶏みそそぼろ」の鶏ひき肉300g→豚ひき肉300gに替えて同様に作る。

まぐろの角煮

自家製角煮は絶品！

10分でできる

材料（作りやすい分量）

まぐろ（刺身用）
　… 1さく（200g）
しょうが（薄切り） … 1かけ
A　酒 … 大さじ2
　　しょうゆ … 大さじ1
　　砂糖 … 小さじ2
　　オイスターソース
　　… 小さじ1
みりん … 大さじ1

作り方

1 まぐろは水けをふき、2cm角に切る。

2 鍋にA、しょうがを入れて中火にかけ、煮立ったら1を加えて弱めの中火で4〜5分煮る。みりんを加えて混ぜ、落としぶたをして煮汁が少なくなるまで煮る。

★冷蔵で5日、冷凍で2週間保存可能。

これもおいしい かつおの角煮

「まぐろの角煮」のまぐろ1さく（200g）→かつお1さく（200g）に替えて同様に作る。

牛しぐれ煮

お弁当おかずのスタメン！

10分でできる

材料（作りやすい分量）

牛切り落とし肉
　… 300g
しょうが（細切り）
　… 1かけ
サラダ油 … 大さじ½
A　砂糖、酒 … 各大さじ1
　　しょうゆ … 大さじ3
　　みりん … 大さじ1と½

作り方

1 牛肉は大きければ食べやすい大きさに切る。

2 鍋にサラダ油を中火で熱し、1を炒める。肉の色が変わったら、しょうが、Aを加えて混ぜ、煮汁が少なくなるまで煮る。

★冷蔵で5日、冷凍で2週間保存可能。

野菜1つでサラダ

忙しくて時間がない日でも、買い物に行けなかった日でも、速攻で作れる絶品サラダを厳選しました。

8分でできる

10分でできる

POINT
時間があるときは1時間以上冷蔵庫で寝かせてください。翌日までおいしく食べられます。

うまみのある種がおいしいマリネ液に！

トマトのマリネサラダ

材料（2人分）
トマト … 2個
A　砂糖 … 小さじ1
　　塩 … 小さじ¼〜⅓
　　しょうゆ … 小さじ1
　　酢 … 大さじ½
　　オリーブオイル
　　　… 大さじ1

作り方
1 トマトは6〜8等分のくし形切りにし、スプーンで種をざっくりとかき出し、取り分けておく。

2 ボウルに**A**を順に入れて混ぜ合わせ、**1**の種を加えてよく混ぜ合わせる。

3 **2**に**1**の果肉を加えてざっくりとあえ、冷蔵庫で5分おく。

ハムやコーンを加えても◎

キャベツのコールスロー

材料（2人分）
キャベツ … ¼個
A　マヨネーズ … 大さじ2
　　粉チーズ … 大さじ1
　　砂糖 … 小さじ2
　　酢 … 小さじ1
　　塩、こしょう … 各少々

作り方
1 キャベツは5mm幅の細切りにし、塩小さじ1/3（分量外）をまぶしてもみ、8分ほどおいて水けをしぼる。

2 ボウルに**A**を入れて混ぜ合わせ、**1**を加えてあえる。

★冷蔵で3日保存可能。

常備しておくと最高に助かる

キャロットラペ

10分でできる

材料（2人分）

にんじん … 大1本（200g）
A ┌ 砂糖 … ふたつまみ
　├ こしょう … 少々
　├ レモン汁（または酢）
　│　… 大さじ½
　└ オリーブオイル
　　　… 大さじ1と½

作り方

1 にんじんはスライサーでせん切りにする。塩小さじ1/2（分量外）をまぶして8分おき、もみ込んでから水けをよくしぼる。

2 ボウルにAを順に入れて混ぜ合わせ、1を加えてあえる。

★冷蔵で3日保存可能。

大根の水けをしっかりきるとおいしい

大根のかにマヨサラダ

材料（2人分）

大根 … 5〜6cm
かに風味かまぼこ
　… 2〜3本
A ┌ マヨネーズ … 大さじ2
　├ めんつゆ（3倍濃縮）
　│　… 小さじ1
　└ 塩、こしょう … 各適量

作り方

1 大根は5cm長さの細切りにし、塩小さじ1/4（分量外）をまぶして5分おき、水けをよくしぼる。

2 かに風味かまぼこは手で細かくさく。

3 ボウルにAを入れて混ぜ合わせ、1、2を加えてあえる。

7分でできる

4分でできる

ヘルシーにボリュームアップ

きゅうりの粒マスタードサラダ

材料（2人分）

きゅうり … 1本
サラダチキン … 80g
A ┌ 砂糖 … 小さじ⅔
　├ 塩 … 小さじ⅓
　├ 酢 … 小さじ1
　├ 粒マスタード
　│　… 大さじ½
　└ オリーブオイル
　　　… 大さじ1

作り方

1 きゅうりはピーラーでストライプ状に皮をむき、8mm厚さの輪切りにする。サラダチキンは手で食べやすい大きさにさく。

2 ボウルにAを順に入れて混ぜ合わせ、1を加えてあえる。

7分で できる

熱いうちに下味をつけるのがコツ！

ごぼうのマヨサラダ

材料（2人分）

ごぼう … 1本(180g)
砂糖 … 小さじ1
しょうゆ … 小さじ1
A┃マヨネーズ
　　… 大さじ3～4
　┃すりごま(白)
　　… 大さじ2～3

作り方

1 ごぼうはよく洗って皮を軽くこそげ、5cm長さの細切りにしてさっと洗う。

2 鍋に湯を沸かし、沸騰したら酢大さじ1（分量外）を加え、**1**を3分ほどゆでる。水けをきり、砂糖、しょうゆで下味をつける。

3 ボウルに**A**を合わせ、**2**の粗熱がとれたら加えてあえる。

★冷蔵で2～3日保存可能。

しんなり甘～いかぶを堪能して

かぶと生ハムのサラダ

材料（2人分）

かぶ … 2個
生ハム … 4～5枚
A┃砂糖 … 小さじ2
　┃塩 … 小さじ½
　┃酢 … 大さじ2
　┃オリーブオイル
　　… 大さじ1と½

作り方

1 かぶはよく洗い、皮つきのままスライサーで3mm厚さの薄切りにする。塩小さじ1/4（分量外）をまぶして5分おき、水けをふく。かぶの葉は小口切りにする。生ハムは食べやすい大きさに切る。

2 ボウルに**A**を順に入れて混ぜ合わせておく。

3 器に**1**のかぶの身、生ハム、かぶの葉の順に盛り合わせ、**2**をかける。

8分で できる

3分で できる

いつでもすぐできる！

枝豆とプロセスチーズのサラダ

材料（2人分）

むき枝豆(冷凍) … 60g
ベビーチーズ(個包装タイプ)
　… 2個
A┃しょうゆ … 小さじ1
　┃酢 … 小さじ1
　┃塩、こしょう … 各少々
　┃オリーブオイル
　　… 小さじ1

作り方

1 むき枝豆は解凍して水けをふく。ベビーチーズは8等分に切る。

2 ボウルに**A**を合わせ、**1**を加えてあえる。

**3分で
できる**

オリーブオイルと白菜が好相性

白菜のおかかサラダ

材料（2人分）

白菜 … 3～4枚
塩 … 小さじ¼
こしょう … 少々
かつお節 … 小1パック(2g)
オリーブオイル
　… 大さじ1

作り方

1 白菜は5mm幅の細切りにし、塩、こしょうであえる。

2 器に1を盛り、かつお節をのせ、オリーブオイルをかける。

サクッとした食感がいい感じ

スナップえんどうのごま塩サラダ

**4分で
できる**

材料（2人分）

スナップえんどう
　… 12～16さや
A｜いりごま(黒) … 小さじ½
　｜塩 … ふたつまみ
　｜しょうゆ … 小さじ1
　｜サラダ油
　｜　… 小さじ1～大さじ½

作り方

1 スナップえんどうはへたと筋を取り、さっと水にくぐらせる。耐熱皿に重ならないように並べ、塩少々（分量外）をふり、ふんわりとラップをかけて電子レンジで1分30秒～2分加熱し、冷水にさらして水けをふく。

2 ボウルに1を入れ、Aを加えてあえる。

**3分で
できる**

マッシュルームは必ず新鮮なものを使って！

スライスマッシュルームのサラダ

材料（2人分）

マッシュルーム（ホワイト）
　… 4～5個
塩、粗びき黒こしょう、
　粉チーズ … 各適量
レモン（くし形切り） … 1切れ

作り方

1 マッシュルームは根元を少し切り、スライサーで縦薄切りにする。

2 器に1を盛り、塩、粗びき黒こしょう、粉チーズをふり、レモンをしぼる。

173

5分でできる

セロリのツナマヨサラダ

材料（2人分）

セロリ … 大1本
ツナ油漬け缶 … 小1缶（70g）
A ┌ マヨネーズ … 大さじ2
　├ ウスターソース … 小さじ1
　└ 塩、こしょう … 各少々

作り方

1 セロリは筋を取り、茎は縦半分に切ってから斜め薄切りにする。塩少々（分量外）をまぶして軽くもみ、2分おいて水けをしぼる。葉は小さめのざく切りにする。

2 ツナ缶は缶汁をきる。

3 ボウルにAを合わせ、1、2を加えてあえる。

アボカドのカリカリじゃこサラダ

5分でできる

材料（2人分）

アボカド … 大1個（200g）
ちりめんじゃこ … 20g
ごま油 … 大さじ1
しょうゆ … 小さじ1

作り方

1 アボカドは種にそってぐるりと縦に切り込みを入れ、左右にひねって半分に割り、皮と種を取り除き、1.5cm厚さに切り、酢大さじ1/2（分量外）をまぶし、器に盛る。

2 フライパンにごま油を弱めの中火で熱し、ちりめんじゃこを炒める。カリッとしてきたらしょうゆを加えて火を止め、熱いうちに1にかける。

8分でできる

スライスオニオンの梅サラダ

材料（2人分）

玉ねぎ … 1個
A ┌ カリカリ梅
　│ 　… 大1個（15g）
　├ しょうゆ … 大さじ1
　├ 酢 … 大さじ1
　├ 砂糖 … 小さじ1
　└ ごま油 … 大さじ1

作り方

1 玉ねぎは縦半分に切り、繊維と垂直に薄切りにする。酢水（ひたひたの水、酢大さじ1/2・いずれも分量外）に5分さらして水けをきる。

2 Aのカリカリ梅は種を除いて粗く刻み、残りのAを順に混ぜ合わせておく。

3 器に1を盛り、2をかける。

5分で
できる

生ならではのコリッとした食感がgood！

生カリフラワーの
スライスサラダ

材料（2人分）

カリフラワー … 小¼株
A　マヨネーズ … 大さじ1
　　牛乳 … 小さじ2
　　にんにく（すりおろし）
　　　… 少々
　　オリーブオイル
　　　… 小さじ2

作り方

1　カリフラワーは小房に分け、スライサーなどでごく薄い薄切りにし、冷水に2分さらして水けをしっかりきる。

2　器に1を盛り、混ぜ合わせたAをかけ、お好みでドライパセリをふる。

苦み×酸味×うまみのバランスが絶妙

ゴーヤーとナッツのエスニックサラダ

5分で
できる

材料（2人分）

ゴーヤー … ½本
ミックスナッツ（無塩）
　　… 大さじ2（15g）
A　ナンプラー、レモン汁
　　　… 各大さじ1
　　砂糖 … 小さじ1
　　ごま油 … 大さじ½

作り方

1　ゴーヤーは両端を切り落とし、縦半分に切ってから種とわたをスプーンでこそげ取り、3mm幅に切る。鍋に湯を沸かし、沸騰したらゴーヤーを1分ほど塩ゆで（分量外）し、水けをきり、冷ます。

2　ミックスナッツは粗く刻む。

3　ボウルにAを合わせ、1、2を加えてあえる。

6分で
できる

ラーメンにのせて食べても◎

せん切り長ねぎと
ハムのポン酢サラダ

材料（2人分）

長ねぎ … ½～⅓本
スライスハム … 3枚
A　ポン酢しょうゆ
　　　… 大さじ1
　　砂糖 … 小さじ½
　　ごま油 … 大さじ½

作り方

1　長ねぎは5～6cm長さのせん切りにし、塩少々（分量外）をふってもみ込み、冷水に3分さらして水けをしぼる。ハムはせん切りにする。

2　ボウルにAを合わせ、1を加えてあえる。

包丁いらずサラダ

手でちぎったり、キッチンばさみやピーラーを活用したりすれば、満足度の高いサラダがパパッとできちゃいます。

4分でできる

POINT
にんじんは太いほうから細いほうに向かって回転させながら削るのがコツ。削りにくくなった部分はスープの具などに。

5分でできる

ふわっとやわらかで食べやすい！
ピーラーにんじんとかいわれ菜のサラダ

材料（2人分）

にんじん … 1本
かいわれ菜 … ¼パック
A 砂糖 … 小さじ1
　塩 … 小さじ¼
　粒マスタード
　　… 小さじ2
　酢 … 小さじ1
　オリーブオイル
　　… 大さじ1と½

作り方

1 にんじんはピーラーで細めの帯状に薄く削る。かいわれ菜はキッチンばさみで根元を切り落とし、長さを3等分に切る。

2 ボウルにAを順に入れて混ぜ合わせ、1を加えてあえる。

さっくりとあえるのがコツ
ちぎりレタスとわかめのサラダ

材料（2人分）

レタス … 3〜4枚
小ねぎ … 1〜2本
カットわかめ(乾燥) … 3g
A しょうゆ … 小さじ2
　酢 … 小さじ1
　ごま油 … 大さじ2
　いりごま(白)
　　… 大さじ½

作り方

1 わかめは水につけてもどし、水けをきる。レタスは手で食べやすい大きさにちぎる。小ねぎはキッチンばさみで小口切りにする。

2 ボウルにAを入れて混ぜ合わせ、1を加えてさっとあえる。

3分でできる

カラフルなデリ風サラダ

コーンとミックスビーンズのサラダ

材料（2人分）

ホールコーン水煮缶
　… ½缶(60g)
ミックスビーンズ（ドライパック）
　… 1パック(50g)
A｜ 塩 … 小さじ¼
　｜ はちみつ … 小さじ⅔
　｜ こしょう … 少々
　｜ 酢 … 小さじ1
　｜ オリーブオイル
　｜ … 小さじ1

作り方

1 コーン缶は缶汁をきる。

2 ボウルにAを順に入れて混ぜ合わせ、1、ミックスビーンズを加えてあえる。

すべてキッチンばさみで完成

豆苗とハムのカレーマヨサラダ

**4分でできる**

材料（2人分）

豆苗 … 1パック
ヤングコーン水煮 … 3本
スライスハム … 2枚
A｜ マヨネーズ … 大さじ2
　｜ カレー粉 … 小さじ¼
　｜ 塩、こしょう … 各少々

作り方

1 豆苗はキッチンばさみで根元を切り落とし、3〜4等分に切る。ヤングコーン水煮は水けをふき、キッチンばさみで4〜5等分に切る。ハムはキッチンばさみで半分に切ってから細切りにする。

2 ボウルにAを入れて混ぜ合わせ、1を加えてあえる。

噛むたびに春菊の香りが口いっぱいに広がる

春菊とキムチのサラダ

5分でできる

材料（2人分）

春菊の葉 … 1把分
白菜キムチ … 40g
塩 … 適量
ごま油 … 大さじ1

作り方

1 春菊は手で葉をつみ、水に3分さらしてパリッとさせ、水けをきる。

2 白菜キムチはキッチンばさみで食べやすい大きさに切る。

3 器に1を盛り、全体に塩をかける。白菜キムチをのせてごま油をまわしかけ、あえながら食べる。

7分でできる

しりしりきゅうりと大根のヨーグルトマヨサラダ

材料（2人分）

きゅうり … ½本
大根 … 6cm
A｜マヨネーズ
　｜　… 大さじ1と½
　｜プレーンヨーグルト
　｜　… 大さじ1
　｜砂糖 … 小さじ¼
　｜塩 … ふたつまみ

作り方

1 きゅうり、大根はしりしり器またはスライサーで細切りにし、塩少々（分量外）をまぶして5分おき、水けをしぼる。

2 ボウルにAを入れて混ぜ合わせ、1を加えてあえる。

肉のおかずに添えてモリモリ食べたい

サニーレタスのチョレギサラダ

材料（2人分）

サニーレタス … 4〜5枚
小松菜 … 1〜2株
A｜鶏ガラスープの素
　｜　… 小さじ½
　｜にんにく（すりおろし）
　｜　… ¼かけ
　｜しょうゆ … 小さじ1
　｜酢 … 小さじ1
　｜ごま油 … 大さじ1
　｜　〜大さじ1と½
韓国のり … 2〜3枚

作り方

1 サニーレタスは手で食べやすい大きさにちぎる。小松菜はキッチンばさみで3〜4cm長さに切る。どちらも水に3分さらしてパリッとさせ、水けをきる。

2 ボウルにAを順に入れて混ぜ合わせ、1を加えてさっくりあえる。

3 器に盛り、手でちぎった韓国のりをちらす。

6分でできる

6分でできる

絶対また食べたくなる味

水菜とみょうがの天かすサラダ

材料（2人分）

水菜 … 2株
みょうが … 2個
A｜ポン酢しょうゆ
　｜　… 大さじ2
　｜砂糖 … 小さじ1
天かす … 15〜20g

作り方

1 水菜はキッチンばさみで4cm長さに切る。みょうがはキッチンばさみで縦半分に切ってから3mm幅に切る。どちらも水に3分さらしてパリッとさせ、水けをきる。

2 ボウルにAを入れて混ぜ合わせ、1を加えてさっくりあえる。器に盛り、天かすをちらす。

5分でできる

ちょっぴりのわさびがおいしさのポイント

サラダ菜とかにかまの和風サラダ

材料（2人分）

サラダ菜 … 大1株
青じそ … 5〜6枚
かに風味かまぼこ
　　… 2〜3本
A｜しょうゆ … 小さじ2
　｜砂糖 … 小さじ1
　｜わさび（チューブ）
　｜　… 1〜2cm
　｜酢 … 小さじ1
　｜ごま油 … 大さじ½

作り方

1 サラダ菜は手で1枚ずつはがし、水に3分さらしてパリッとさせ、水けをきる。青じそは手でちぎる。かに風味かまぼこは手でさく。

2 ボウルにAを順に入れて混ぜ合わせる。

3 器に1を盛り合わせ、2をまわしかける。

シンプルドレッシングが最高♪

ベビーリーフと生ハム、ミニトマトのサラダ

5分でできる

材料（2人分）

ベビーリーフ
　　… 1パック（60g）
ミニトマト（赤・黄）… 各2個
生ハム … 4枚
A｜砂糖 … 小さじ1
　｜塩 … 小さじ½
　｜レモン汁 … 大さじ½
　｜サラダ油 … 大さじ2

作り方

1 ベビーリーフは水に3分さらしてパリッとさせ、水けをきる。ミニトマトはキッチンばさみで少し切り込みを入れてから縦半分に切る。生ハムはキッチンばさみで食べやすい大きさに切る。

2 ボウルにAを順に入れて混ぜ合わせる。

3 器にベビーリーフを盛り、ミニトマト、生ハムをのせ、2をまわしかける。

5分でできる

焼き肉のたれの満足感がハンパない！

ブロッコリースプラウトと
ほうれん草の焼き肉だれマヨサラダ

材料（2人分）

ブロッコリースプラウト
　　… 1パック（50g）
サラダほうれん草
　　… 1袋（100g）
A｜マヨネーズ … 大さじ2
　｜焼き肉のたれ
　｜　… 大さじ1

作り方

1 サラダほうれん草はキッチンばさみで4cm長さに切り、水に3分さらしてパリッとさせ、水けをきる。ブロッコリースプラウトはキッチンばさみで根元を切り落とす。

2 ボウルにAを入れて混ぜ合わせ、1を加えてあえる。

ホットサラダ

レンチンするだけのホットサラダ。
野菜そのものの甘みやコクをじっくり味わえます。

8分でできる

POINT
かぼちゃを切るのが面倒な場合、冷凍かぼちゃを活用してもOK！

7分でできる

甘じょっぱさはやみつき！

かぼちゃのハニーナッツサラダ

材料（2人分）

かぼちゃ … 1/8個（300g）
ミックスナッツ（無塩）
　… 大さじ2（15g）
バター … 10g
A｜はちみつ … 小さじ1
　｜塩、こしょう … 各適量
マヨネーズ … 適量

作り方

1 かぼちゃは種とわたを取り、3cm角に切る。耐熱容器に入れて塩少々（分量外）をふり、水大さじ1（分量外）をまわしかけ、ふんわりとラップをかけて電子レンジで4〜5分加熱する。

2 ミックスナッツは粗く刻む。

3 1のかぼちゃが熱いうちに、手でちぎったバター、Aとあえる。器に盛り、2をちらし、マヨネーズをかける。

かぶが甘くてジューシー！

かぶとハムのホットサラダ

材料（2人分）

かぶ … 2個
スライスハム … 2枚
塩、粗びき黒こしょう、
オリーブオイル
　… 各適量

作り方

1 かぶは茎を少し残して皮をむき、6等分に切る。ハムは6等分の放射状に切る。

2 耐熱容器に1のかぶを並べ、ふんわりとラップをかけて電子レンジで3分30秒加熱する。ハムを加えてあえ、再びラップをかけ、そのまま1分蒸らす。

3 2の水けをきって器に盛り、塩、粗びき黒こしょう、オリーブオイルをかける。

6分でできる

どっさりきのこでおなかも快調

ミックスきのこの塩麹サラダ

材料（2人分）

しめじ … 1パック
しいたけ … 4個
エリンギ … 2本
A｜塩麹 … 大さじ1
｜すりごま(白) … 大さじ1
｜しょうゆ … 小さじ1
｜オリーブオイル
｜ … 小さじ1

作り方

1 しめじは根元を切り落とし、小房に分ける。しいたけは石づきを取り、縦4〜5等分に切る。エリンギは長さを半分に切り、縦3〜4等分に切る。

2 耐熱容器に**1**を入れて合わせ、ふんわりとラップをかけて電子レンジで2分〜2分30秒加熱する。

3 **2**の水けをきり、粗熱がとれたら**A**を加えてあえる。

味つけはたっぷりのチーズと塩だけ！

ブロッコリーのチーズサラダ

材料（2人分）

ブロッコリー … 大½株
溶けるミックスチーズ
 … 40g

作り方

1 ブロッコリーは小房に分け、茎のかたい皮をむいて食べやすい大きさに切る。

2 耐熱容器に**1**を並べ、塩少々、水大さじ1（いずれも分量外）をふり、ふんわりとラップをかけて電子レンジで2分加熱する。取り出して溶けるミックスチーズをのせ、同様に1〜2分加熱する。

6分でできる

10分でできる

ふっくらとろける食感♡

皮むきなすの和風サラダ

材料（2人分）

なす … 3個
A｜砂糖 … 大さじ½
｜塩 … 小さじ¼
｜しょうゆ … 大さじ½
｜酢 … 大さじ1
｜しょうが(すりおろし)
｜ … 1かけ
｜オリーブオイル
｜ … 大さじ1

作り方

1 なすはピーラーで皮をむき、フォークで全体を刺してから水に2分ほどさらし、水けがついたままラップで包む。耐熱皿にのせ、電子レンジで5分加熱する。

2 ボウルに**A**を順に入れて混ぜ合わせておく。

3 やけどに気をつけて**1**のラップをはずし、粗熱をとる。手で縦に半分にさいて器に盛り、**2**をかける。

5分でできる

マヨしょうゆでコクうま

アスパラのタルタルサラダ

材料（2人分）

アスパラガス … 4〜5本
A｜マヨネーズ … 大さじ2
　｜ゆで卵（粗く刻む）
　｜　… 2個
　｜しょうゆ … 小さじ½

作り方

1 Aは混ぜ合わせておく。

2 アスパラガスは根元を少し切り落とし、かたい皮をピーラーでむく。さっと水にくぐらせてからラップで包み、耐熱皿にのせて電子レンジで1分〜1分30秒加熱する。そのまま1分ほど蒸らす。

3 2の水けをきって器に盛り、1をかける。

レンチン1回で完成

ごぼうとベーコンの和風サラダ

材料（2人分）

ごぼう … 1本（180g）
スライスベーコン … 2枚
オリーブオイル … 大さじ½
A｜酢 … 小さじ1
　｜めんつゆ（3倍濃縮）
　｜　… 小さじ2
　｜砂糖 … ふたつまみ

作り方

1 ごぼうはよく洗って皮を軽くこそげて斜め4mm厚さの薄切りにし、水にさっとさらして水けをきる。ベーコンは3cm幅に切る。

2 耐熱容器に1のごぼうを入れ、オリーブオイルであえてから広げ、ベーコンをのせる。ふんわりとラップをかけて電子レンジで2分30秒〜3分加熱し、そのまま1分蒸らす。

3 2にAを加えてあえる。

7分でできる

7分でできる

カリフラワーのホクホクした食感が◎

カリフラワーのツナマヨサラダ

材料（2人分）

カリフラワー … ⅓株
ツナ油漬け缶
　… 小1缶（70g）
A｜マヨネーズ
　｜　… 大さじ2
　｜酢、ごま油 … 各小さじ1
　｜塩、こしょう … 各少々

作り方

1 カリフラワーは小房に分ける。耐熱容器に並べて塩少々、水大さじ1（いずれも分量外）をふり、ふんわりとラップをかけて電子レンジで3分加熱し、そのまま1分蒸らす。

2 ボウルに缶汁をきったツナ、Aを加えて混ぜておく。

3 1の水けをきって器に盛り、2をかける。

**10分で
できる**

子どもウケすること間違いなし！

さつまいもとウインナーのマヨサラダ

材料（2人分）

さつまいも … 小1本
ウインナーソーセージ
　　 … 3本
A　マヨネーズ
　　　 … 大さじ1と½
　 牛乳 … 大さじ1
　 にんにく(すりおろし)
　　　 … 小さじ¼
　 塩、こしょう … 各少々

作り方

1 さつまいもは皮ごとよく洗い、小さ
めの乱切りにし、水に3分さらして
水けをきる。ウインナーは斜め3等
分に切る。

2 耐熱皿に**1**のさつまいもを並べ入れ、
塩少々、水大さじ1（いずれも分量外）
をふり、ふんわりとラップをかけて
電子レンジで4分ほど加熱する。水
けをきり、ウインナーをのせ、同様
に20〜30秒加熱する。

3 ボウルに**A**を入れて混ぜ合わせ、**2**
を加えてあえる。

バタポンがこんなにおいしいなんて！

蒸し玉ねぎのバタポンサラダ

材料（2人分）

玉ねぎ … 大1個
酒 … 大さじ1
バター … 10g
ポン酢しょうゆ
　　 … 大さじ1と½
小ねぎ(小口切り) … 1本

作り方

1 玉ねぎは6等分のくし形切りに
し、耐熱容器に並べる。酒を
ふって手でちぎったバターをの
せ、ふんわりとラップをかけて
電子レンジで6〜8分加熱する。

2 器に**1**を盛り、ポン酢しょうゆを
かけて小ねぎをちらす。

**10分で
できる**

**5分で
できる**

ほんの少しのわさびで味が引き締まる！

長いもの和風コンビーフサラダ

材料（2人分）

長いも … 150g
コンビーフ … ½個(40g)
しょうゆ … 小さじ1
練りわさび(チューブ)
　　 … 1〜2㎝

作り方

1 長いもは皮をむいて1㎝幅の輪
切りにし、耐熱容器に並べる。
ふんわりとラップをかけて電子
レンジで3分加熱する。

2 コンビーフは粗くほぐしてボウ
ルに入れ、しょうゆ、練りわさ
びを加えて混ぜておく。

3 **1**が熱いうちに**2**とあえる。

塩もみサラダ

ポリ袋に野菜と塩を入れてもむだけ。青じそ、レモン、しょうがなどを加えて味の変化を楽しんでもOK。冷蔵で2〜3日保存可能です。

7分でできる

7分でできる

7分でできる

POINT
塩の分量は野菜の重量の1〜2%と覚えておくといろいろな塩もみサラダがすぐできます。

清涼感ある青じそがマッチ！
塩もみキャベツのサラダ

材料（作りやすい分量）

キャベツ … ¼個
青じそ … 3枚
塩 … 小さじ1弱

作り方

1. キャベツは3cm四方のざく切りにし、青じそはせん切りにする。

2. ポリ袋にキャベツ、塩を入れてよくもみ混ぜ、青じそも加えて軽くもむ。5分以上おき、水けを軽くしぼる。

レモン入りでさっぱり！
塩もみかぶのサラダ

材料（作りやすい分量）

かぶ … 2個
レモン（薄いいちょう切り） … 2枚
塩 … 小さじ½

作り方

1. かぶはよく洗い、皮ごと3mm厚さの半月切りにする。

2. ポリ袋に1、塩を入れてよくもみ混ぜる。レモンも加えて軽くもみ、5分以上おき、水けを軽くしぼる。

砂糖を少し加えるのがコツ
塩もみきゅうりのサラダ

材料（作りやすい分量）

きゅうり … 2本
塩 … 小さじ½
砂糖 … 小さじ1
ごま油 … 小さじ1

作り方

1. きゅうりは薄い輪切りにする。

2. ポリ袋に1、塩、砂糖を入れてよくもみ混ぜる。5分以上おき、水けをしぼり、ごま油を加えてあえる。

塩もみ白菜のピリ辛サラダ

10分でできる

即席の漬物風！ラー油がアクセント

材料（作りやすい分量）と作り方

1 白菜⅛株（400g）は葉をざく切りにし、軸を1cm幅の細切りにする。

2 ポリ袋に**1**、塩大さじ½弱を入れてよくもみ混ぜ、8分以上おく。水けをしぼって器に盛り、**ラー油少々**をかける。

塩もみズッキーニのサラダ

7分でできる

なすのようなしんなり食感がクセになる

材料（作りやすい分量）と作り方

1 ズッキーニ1本（200g）は縦半分に切ってから5mm幅の斜め薄切りにする。

2 ポリ袋に**1**、塩小さじ½を入れてよくもみ混ぜ、5分以上おく。水けを軽くしぼって器に盛り、**オリーブオイル適量**をかける。

塩もみ小松菜のサラダ

10分でできる

フレッシュなおいしさにハマる

材料（作りやすい分量）と作り方

1 小松菜1把（200g）は4〜5cm長さに切る。

2 ポリ袋に**1**、塩小さじ½を入れてよくもみ混ぜ、8分以上おき、水けをしぼる。

塩もみ大根のサラダ

10分でできる

定番だけどあるとうれしい♡

材料（作りやすい分量）と作り方

1 大根5〜6cm（250g）は皮をむき、いちょう切りにする。

2 ポリ袋に**1**、塩小さじ⅔を入れてよくもみ混ぜ、8分以上おき、水けをしぼる。

塩もみにんじんのサラダ

10分でできる

ツナとお好みのオイルであえても◎

材料（作りやすい分量）と作り方

1 にんじん1本（200g）は4〜5cm長さの太めのせん切りにする。

2 ポリ袋に**1**、塩小さじ⅔を入れてよくもみ混ぜ、8分以上おき、水けをしぼる。器に盛り、**いりごま（白）少々**をかける。

塩もみセロリのサラダ

7分でできる

セロリが好きになる魔法の食べ方です！

材料（作りやすい分量）と作り方

1 セロリ2本（200g）は筋を取り、2〜3mm厚さの斜め薄切りにする。葉はざく切りにする。

2 ポリ袋に**1**、塩小さじ½を入れてよくもみ混ぜ、5分以上おき、水けをしぼる。

塩もみ水菜のおかかサラダ

10分でできる

シャキシャキ感が最高！箸休めにぴったり

材料（作りやすい分量）と作り方

1 水菜1把（200g）は4〜5cm長さに切る。

2 ポリ袋に**1**、塩小さじ½を入れてよくもみ混ぜ、8分以上おく。水けをしぼって器に盛り、**しょうゆ、かつお節各適量**をかける。

塩もみなすのしょうがサラダ

10分でできる

さっぱりしているから無限に食べられちゃう

材料（作りやすい分量）と作り方

1 なす2本（150g）は縦半分に切ってから2〜3mm厚さの半月切りにする。しょうが½かけはせん切りにする。

2 ポリ袋に**1**、塩小さじ½を入れてよくもみ混ぜ、8分以上おき、水けをしぼる。

洋風スープ

オニオングラタンスープやクラムチャウダーも
やる気がぜんぜんない日でもすぐ作れる
かんたんな作り方をご紹介します。

11分でできる

10分でできる

かぼちゃとベーコンの豆乳カレースープ

材料（2人分）

かぼちゃ … 100g
スライスベーコン … 3枚
バター … 10g
A　水 … 1カップ
　　顆粒コンソメスープの素
　　　… 小さじ1
　　酒 … 大さじ2
　　カレー粉 … 小さじ½
無調整豆乳 … 1カップ
塩、こしょう … 各適量

作り方

1 かぼちゃは種とわたを取り、1cm角に切る。ベーコンは2cm幅に切る。

2 鍋にバターを中火で溶かし、1のかぼちゃに塩少々をふって炒める。油がまわったらベーコンも1分ほど炒める。

3 2にAを加え、煮立ったらふたをして弱めの中火で3～4分煮る。ふたを取り、豆乳を加えて煮立たせないように2～3分煮て、塩、こしょうで味をととのえる。

刻みブロッコリーのスープ

材料（2人分）

ブロッコリー … ½株
にんにく（みじん切り）
　　… 1かけ
オリーブオイル … 大さじ1
A　水 … 2カップ
　　顆粒コンソメスープの素
　　　… 大さじ½
塩、こしょう、しょうゆ
　　… 各適量

作り方

1 ブロッコリーは粗く刻む。

2 鍋にオリーブオイル、にんにくを入れて弱めの中火で熱し、香りが出たら1を炒める。

3 ブロッコリーが少ししんなりしてきたらAを加えて混ぜる。煮立ったら3～4分ブロッコリーがくたっとするまで煮て、塩、こしょう、しょうゆで味をととのえる。

これもおいしい 刻みカリフラワーのスープ

「刻みブロッコリースのスープ」のブロッコリー½株→カリフラワー⅓株に替え、同様に作る。

8分でできる

具材はにんじんだけ！

細切りにんじんのコンソメスープ

材料（2人分）

にんじん … 1本
A ┃ 水 … 2カップ
　┃ 顆粒コンソメスープの素
　┃ … 小さじ2
　┃ 酒 … 大さじ2
塩、こしょう … 各適量

作り方

1 にんじんは4〜5cm長さの細切りにする。

2 鍋にA、1を入れて中火にかけ、煮立ったら4〜5分煮る。塩、こしょうで味をととのえる。

これもおいしい  **セロリのコンソメスープ**

「細切りにんじんのコンソメスープ」のにんじん1本→セロリ½本に替える。セロリの茎は斜め薄切りにし、葉はざく切りにし、同様に作る。

あさりは缶汁ごと使いきり！

あさり缶のクラムチャウダー

10分でできる

材料（2人分）

あさり水煮缶
　… 小1缶(65g)
じゃがいも … 大1個
しめじ … ½パック
バター … 10g
薄力粉 … 大さじ1
牛乳 … 2と½カップ
顆粒コンソメスープの素
　… 小さじ1
塩、こしょう … 各適量

作り方

1 じゃがいもは1cm角に切り、さっと洗って水けをきる。しめじは石づきを取り、小房に分ける。あさり水煮缶は身と缶汁に分けておく。

2 鍋にバターを中火で溶かし、1のじゃがいもを炒め、油がまわったらしめじを加えて1分ほど炒める。薄力粉を加えて粉っぽさがなくなるまで炒める。

3 2に牛乳を少しずつ加えて混ぜ、あさりの缶汁、コンソメスープの素も加え、煮立たせないように弱めの中火で3〜4分煮る。あさりの身を加えて1〜2分煮て、塩、こしょうで味をととのえる。

12分でできる

レンジ＆トースターで！

オニオングラタン風スープ

材料（2人分）

玉ねぎ … ½個
水 … 大さじ4
塩 … ふたつまみ
A ┃ 水 … 2カップ
　┃ 顆粒コンソメスープの素、
　┃ ウスターソース、
　┃ しょうゆ
　┃ … 各小さじ1
バゲット(8mm厚さ) … 2枚
溶けるチーズ … 30g

作り方

1 玉ねぎは繊維と垂直に薄切りにする。耐熱ボウルに水、塩とともに入れて混ぜ、ふんわりとラップをかけて電子レンジで6分加熱する。

2 バゲットに溶けるチーズをのせ、オーブントースターで3〜4分焼く。

3 1にAを加えて混ぜ、ふんわりとラップをかけて電子レンジで3分ほど加熱する。器に盛り、2をのせてお好みでドライパセリをふる。

和風スープ

体や心が少し疲れている日には、
じんわりやさしい和風スープがおすすめ。
しょうがや梅干しを添えれば食欲も刺激されます。

8分で
できる

8分で
できる

いつもの副菜がスープに変身！
きんぴら風ごぼうスープ

材料（2人分）

ごぼう … 1本（180g）
ごま油 … 小さじ2
A だし汁 … 2カップ
　 しょうゆ
　 　 … 大さじ1と½
　 みりん … 大さじ1
　 砂糖 … 小さじ½

作り方

1 ごぼうはよく洗って皮を軽くこ
そげ、4〜5㎝長さの細切りに
し、さっと洗って水けをきる。

2 鍋にごま油を中火で熱し、1を
炒める。全体に油がまわったら
Aを加え、煮立ったらふたをし
て弱めの中火で3〜4分煮る。

たらこのスープ、ありです！
たらこと豆腐のスープ

材料（2人分）

甘塩たらこ … ½腹（40g）
絹ごし豆腐 … 小2丁（200g）
A だし汁 … 2カップ
　 酒 … 大さじ2
　 塩 … 小さじ¼
　 しょうゆ … 小さじ1
小ねぎ（小口切り）… 2本
水溶き片栗粉
　 片栗粉 … 小さじ2
　 水 … 小さじ2

作り方

1 豆腐は1.5㎝角に切る。

2 鍋にA、1を入れて中火にかける。
煮立ったら、たらこをキッチン
ばさみで切って加え、1〜2分煮
る。たらこがふわっと浮いてき
たら、小ねぎを加え、水溶き片
栗粉を加えて混ぜ、とろみがつ
くまで煮る。

これもおいしい　きんぴら風れんこんスープ

「きんぴら風ごぼうスープ」のごぼう1本（180g）→れんこん1節
（150g）に替え、3㎜厚さのいちょう切りにし、同様に作る。

**8分で
できる**

食材のうまみがあふれます

切り干し大根とほたて缶のスープ

材料（2人分）

切り干し大根 … 10g
ほたて水煮缶
　　… 小1缶(45g)
A｜だし汁 … 2カップ
　｜しょうゆ、みりん
　｜　… 各大さじ½
塩 … 少々

作り方

1 切り干し大根は流水でもみ洗いし、食べやすい長さに切る。ほたて缶は身と缶汁に分けておく。

2 鍋にA、1の切り干し大根、ほたて缶の缶汁を入れ、中火にかける。煮立ったらふたをして弱めの中火で3〜4分煮る。

3 2にほたて缶の身を加えてさっと煮て、塩で味をととのえる。器に盛り、お好みで粉山椒をかける。

体も心も癒やされる

春菊としいたけのしょうがスープ

**5分で
できる**

材料（2人分）

春菊 … ⅓把
しいたけ … 2個
しょうが(せん切り) … 1かけ
A｜だし汁 … 2カップ
　｜酒 … 大さじ2
　｜塩 … 小さじ¼〜⅓
　｜しょうゆ … 小さじ1

作り方

1 春菊は4cm長さに切る。しいたけは石づきを取り、薄切りにする。

2 鍋にA、しょうがを入れて中火にかける。煮立ったら1のしいたけを入れて1〜2分煮る。春菊の茎、葉の順に加えてさっと煮る。

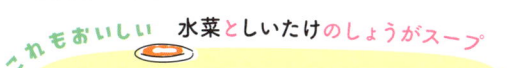

これもおいしい　水菜としいたけのしょうがスープ

「春菊としいたけのしょうがスープ」の春菊⅓把→水菜1〜2株に替え、同様に作る。

**8分で
できる**

上品なだしを楽しみたい

かぶのちぎり梅スープ

材料（2人分）

かぶ … 2個
梅干し … 1個
A｜だし汁 … 2カップ
　｜しょうゆ … 小さじ1
　｜　〜大さじ½
　｜塩 … 小さじ¼

作り方

1 かぶの身は小さめの乱切りにする。かぶの葉は2cm長さに切る。

2 鍋にA、かぶの身を入れて中火にかけ、煮立ったらふたをして弱めの中火で4〜5分煮る。梅干しをちぎって加え、かぶの葉も加えてさっと煮る。

中華・エスニック風スープ

火の通りやすい食材を厳選すれば、本格的な味わいの中華&エスニック風スープも10分以内で作れます。

10分でできる

5分でできる

シンプル・イズ・ベスト！
トマトと卵の中華スープ

材料（2人分）

トマト … 2個
卵 … 1個
A 水 … 2カップ
　鶏ガラスープの素
　　… 小さじ2
　酒 … 大さじ2
水溶き片栗粉
　片栗粉 … 小さじ2
　水 … 小さじ2
ごま油 … 小さじ1
塩、こしょう … 各適量

作り方

1 トマトはひと口大に切る。卵は溶きほぐす。

2 鍋にAを入れて中火にかけ、煮立ったら1のトマトを加え、ひと煮立ちさせる。一度火を止め、水溶き片栗粉を加えて混ぜる。

3 再び火にかけて混ぜながらとろみをつける。1の溶き卵をまわし入れ、卵がふわふわとかたまってきたら、大きく混ぜて火を止める。ごま油を加えて塩、こしょうで味をととのえる。

おかわり！って言いたくなる
焼き肉屋さんのキャベツスープ

材料（2人分）

キャベツ … ¼個
長ねぎ（粗みじん切り）
　… ½本
にんにく（粗みじん切り）
　… ½かけ
ごま油 … 大さじ1
A 水 … 2カップ
　鶏ガラスープの素
　　… 小さじ2
　酒 … 大さじ2
　しょうゆ … 小さじ1
塩、粗びき黒こしょう
　… 各適量

作り方

1 キャベツはざく切りにする。

2 鍋にごま油を中火で熱し、にんにく、長ねぎを炒める。香りが出たら1を加えて炒める。

3 キャベツがしんなりしてきたら、Aを加えて混ぜる。煮立ったらふたをして3〜4分煮て、塩で味をととのえる。器に盛り、粗びき黒こしょうをふる。

これもおいしい **焼き肉屋さんの白菜スープ**

「焼き肉屋さんのキャベツスープ」のキャベツ¼個→白菜⅛株（300g）に替え、同様に作る。

5分でできる

みそ煮缶のだしは万能！

さば缶と豆もやしの韓国風スープ

材料（2人分）

さばみそ煮缶 … 1缶（190g）
豆もやし … ½パック
白菜キムチ … 100g
A　水 … 2カップ
　　鶏ガラスープの素
　　　 … 小さじ1〜大さじ½
ごま油 … 小さじ1

作り方

1 鍋に豆もやし、さば缶の缶汁、白菜キムチを入れ、Aを注いでよく混ぜる。

2 中火にかけ、煮立ったら粗くほぐしたさば缶の身を加え、ふたをして2〜3分煮る。ごま油を加えてひと煮する。

これもおいしい　いわし缶と豆もやしの韓国風スープ

「さば缶と豆もやしの韓国風スープ」のさばみそ煮缶1缶（190g）→いわしみそ煮缶1缶（190g）に替え、同様に作る。

3分で火が通る！

大根とわかめの中華スープ

材料（2人分）

大根 … 5cm
カットわかめ（乾燥）… 3g
A　水 … 2カップ
　　鶏ガラスープの素
　　　 … 小さじ2
　　酒 … 大さじ1
　　しょうゆ … 小さじ1
ごま油 … 小さじ1
いりごま（白）… 小さじ1
塩、こしょう … 各適量

作り方

1 大根は5cm長さの短冊切りにする。

2 鍋にA、1を入れて中火にかけ、煮立ったらふたをして弱めの中火で3分ほど煮る。カットわかめ、ごま油、いりごまを加えてひと煮し、塩、こしょうで味をととのえる。

5分でできる

本格的な味わいにびっくり♪

お手軽トムヤムクン

10分でできる

材料（2人分）

むきえび … 8〜10尾
マッシュルーム（ホワイト）
　　 … 3個
玉ねぎ … ½個
サラダ油 … 小さじ2
A　しょうが（すりおろし）
　　　 … ½かけ
　　にんにく（すりおろし）
　　　 … ½かけ
　　豆板醤 …小さじ1
B　水 … 2と½カップ
　　ナンプラー … 大さじ1
　　鶏ガラスープの素、砂糖
　　　 … 各小さじ1
レモン汁 … 大さじ2

作り方

1 えびは背わたがあれば取り、塩もみ（分量外）して洗い、水けをふく。玉ねぎは薄切りにする。マッシュルームは石づきを取り、縦4等分に切る。

2 鍋にサラダ油を弱めの中火で熱し、Aを入れて炒める。香りが出たら、Bを加えて混ぜる。

3 煮立ったら1の玉ねぎ、マッシュルームを加えてふたをして2〜3分煮る。えびも加えて2分ほど煮て、レモン汁を加える。器に盛り、お好みで小ねぎを添える。

冷たいスープ

火を使いたくない日は、混ぜるだけの冷製スープをどうぞ。食欲がないときにもおすすめです。

POINT
お好みでホールコーンやクルトンをトッピングしてもOK!

4分でできる

2分でできる

なめらかになるまで混ぜるだけ!
コーンクリームスープ

材料（2人分）

クリームコーン
（ドライパック）
… 1パック(150g)
牛乳 … 1カップ
塩、こしょう、しょうゆ
… 各適量
ドライパセリ… 少々

作り方

1 ボウルにクリームコーン、牛乳を入れて泡立て器でよく混ぜ、塩、こしょう、しょうゆで味をととのえる。

2 器に1を盛り、ドライパセリをちらす。

アボカドの新しい食べ方
アボカドのクリーミースープ

材料（2人分）

アボカド … 1個
牛乳 … 1と½カップ
スライスハム … 1枚
レモン汁 … 小さじ½
塩 … 小さじ¼
こしょう … 少々

作り方

1 ハムは5㎜四方に切る。

2 アボカドは種と皮を取り、適当な大きさに切ってボウルに入れ、レモン汁を加えてフォークでつぶす。牛乳を少しずつ加えて泡立て器でよく混ぜ、塩、こしょうで味をととのえる。

3 器に2を注ぎ、1を浮かべる。

これもおいしい **アボカドの豆乳スープ**

「アボカドのクリーミースープ」の牛乳1と½カップ→無調整豆乳1と½カップに替え、同様に作る。

8分で
できる

地中海料理のひと皿みたい

ズッキーニのヨーグルトスープ

材料（2人分）

ズッキーニ … ½本
A｜プレーンヨーグルト
　　　… ½カップ
　｜冷水 … ½カップ
　｜塩 … 小さじ¼
　｜にんにく（すりおろし）、
　｜　こしょう … 各少々
オリーブオイル …適量

作り方

1 ズッキーニは4cm長さの細切りにし、塩少々（分量外）をまぶして5分おき、水けをしぼる。

2 ボウルにAを入れて泡立て器でよく混ぜ、**1**を加えて混ぜる。

3 器に**2**を注ぎ、オリーブオイルをまわしかける。

これもおいしい **きゅうり**のヨーグルト**スープ**

「ズッキーニのヨーグルトスープ」のズッキーニ½本→きゅうり½本に替え、同様に作る。

トマトは完熟がおすすめ！

トマトのすりながしスープ

材料（2人分）

トマト … 2個
A｜水 … ¼カップ
　｜めんつゆ（3倍濃縮）
　　　… 大さじ1
　｜しょうが（すりおろし）
　　　… ½かけ
　｜塩、砂糖
　　　… 各ふたつまみ

作り方

1 トマトは皮ごとおろし器ですりおろし、ボウルに移す。

2 **1**にAを加えてよく混ぜ合わせる。

3分で
できる

つるりとたいらげちゃう

オクラとめかぶのとろとろスープ

材料（2人分）

オクラ … 4本
めかぶ … 2パック（40g）
A｜水 … 1と½カップ
　｜白だし … 小さじ2
　｜めかぶの付属のたれ
　　　… 2パック
　｜塩 … ふたつまみ
　｜しょうゆ … 少々

作り方

1 オクラはガクをぐるりとむいて塩小さじ1（分量外）をまぶし、両手でこすり合わせる。さっと洗って竹串でオクラ全体を刺して耐熱容器に並べ、ふんわりとラップをかけて電子レンジで30秒〜1分加熱する。冷水にとって水けをきり、薄い小口切りにする。

2 ボウルにAを入れて混ぜ、めかぶ、**1**を加える。

4分で
できる

いろいろみそ汁

汁ものの定番といえば、みそ汁！
一緒に煮る具材を替えれば、
毎日作っても飽きずに食べられます。

8分でできる　　8分でできる　　6分でできる

POINT
みそ汁はだし汁1カップに対してみそ大さじ1程度と覚えておくと味が決まります。

みそ×バターで至福！
じゃがバターみそ汁

材料（2人分）

じゃがいも … 2個
玉ねぎ … ½個
だし汁 … 3カップ
みそ … 大さじ3
バター … 5g×2切れ

作り方

1 じゃがいもは8mm厚さのいちょう切りにし、水にさっとさらして水けをきる。玉ねぎは1cm幅のくし形切りにする。

2 鍋にだし汁、1を入れて中火にかけ、煮立ったらふたをして弱めの中火で5分ほど煮る。

3 みそを溶き入れてひと煮立ちしたら火を止める。器に盛り、バターをのせる。

まろやかでほっとする味
さつまいもの豆乳ごまみそ汁

材料（2人分）

さつまいも … 小1本(150g)
油揚げ … ½枚
だし汁 … 2カップ
無調整豆乳 … 1カップ
みそ … 大さじ3
すりごま(白) … 小さじ2

作り方

1 さつまいもはよく洗い、皮をむかずに8mm厚さの半月切りにし、水にさっとさらして水けをきる。油揚げは半分に切り、1cm幅に切る。

2 鍋にだし汁、1のさつまいもを入れて中火にかけ、煮立ったらふたをして弱めの中火で5分ほど煮る。

3 油揚げ、豆乳を加え、みそを溶き入れる。ひと煮立ちしたら火を止める。器に盛り、すりごまをふる。

とろっとおいしい！
なめこと厚揚げのみそ汁

材料（2人分）

なめこ … 1パック
厚揚げ … 小1枚(150g)
だし汁 … 3カップ
みそ … 大さじ3
小ねぎ … 1〜2本

作り方

1 なめこはさっと洗って水けをきる。小ねぎは2cm長さに切る。厚揚げは半分に切り、1cm厚さに切る。

2 鍋にだし汁、1の厚揚げを入れて中火にかけ、煮立ったらなめこを加えて1〜2分煮る。

3 みそを溶き入れ、ひと煮立ちしたら小ねぎを加えて火を止める。

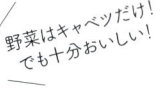

野菜はキャベツだけ！
でも十分おいしい！

10分で
できる

キャベツの豚汁

材料（2〜3人分）と作り方

❶キャベツ3〜4枚（200g）は2〜3cm四方のざく切りにし、豚バラ薄切り肉100gは3cm幅に切る。❷鍋にごま油大さじ½を中火で熱し、豚肉を炒め、肉の色が変わったらキャベツを加えて炒める。全体に油がまわったら、だし汁3カップを加える。❸煮立ったらふたをして弱めの中火で3〜4分煮る。みそ大さじ3を溶き入れ、ひと煮立ちしたら火を止める。

コクうまで食欲をそそる
ごま油の香りもよき！

8分で
できる

炒めなすとみょうがのみそ汁

材料（2〜3人分）と作り方

❶なす2個は小さめの乱切りにし、さっと水にさらす。みょうが2個は小口切りにする。❷鍋にごま油小さじ2を中火で熱し、水けをきったなすを炒める。全体に油がまわったら、だし汁3カップを加える。❸煮立ったらふたをして弱めの中火で3〜4分煮る。みょうがを加えてみそ大さじ3を溶き入れ、ひと煮立ちしたら火を止める。

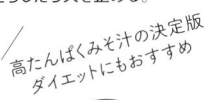

高たんぱくみそ汁の決定版
ダイエットにもおすすめ

6分で
できる

ブロッコリーとサラダチキンのみそ汁

材料（2〜3人分）と作り方

❶ブロッコリー½株は小房に分け、茎は食べやすい大きさに薄切りにする。サラダチキン80gは手で細かくさく。❷鍋にだし汁3カップを入れて中火にかけ、煮立ったらブロッコリーを加えて2〜3分煮る。サラダチキンを加えてみそ大さじ3を溶き入れ、ひと煮立ちしたら火を止める。

マッシュルームから
おいしいだしが取れます

5分で
できる

マッシュルームとベーコンのみそ汁

材料（2〜3人分）と作り方

❶マッシュルーム（ホワイト）5〜6個は根元を少し切り、縦3等分に切る。スライスベーコン2枚は1cm幅に切る。❷鍋にだし汁2と½カップ、①を入れて中火にかけ、煮立ったら2分ほど煮る。❸みそ大さじ2と½を溶き入れ、ひと煮立ちしたら火を止める。

ぶっかけごはんにすれば
ボリュームも満点！

10分で
できる

大根と落とし卵のみそ汁

材料（2〜3人分）と作り方

❶大根5cmは細切りにする。❷鍋にだし汁3カップ、①を入れて中火にかけ、煮立ったらふたをして弱めの中火で4〜5分煮る。❸卵2個を割り入れてふたをして3〜4分煮る。みそ大さじ3を溶き入れ、ひと煮立ちしたら火を止める。

アボカドのとろりとした
食感がこれまた新鮮！

5分で
できる

アボカドとコーンのみそ汁

材料（2〜3人分）と作り方

❶アボカド大1個（200g）は種と皮を取り除き、2cm角に切る。❷鍋にだし汁2と½カップを入れて中火にかけ、煮立ったらアボカドを加えて1〜2分煮る。❸ホールコーン水煮缶大さじ4を加え、みそ大さじ2と½も溶き入れ、ひと煮立ちしたら火を止める。

栄養たっぷりの缶汁も
捨てずにだし汁に投入

7分で
できる

長いもと鮭缶のしょうがみそ汁

材料（2〜3人分）と作り方

❶長いも150gは8mm厚さのいちょう切りにする。しょうがは1かけはすりおろす。鮭水煮缶小1缶（90g）は缶汁と身に分ける。❷鍋にだし汁3カップ、鮭缶の缶汁、長いも、しょうがを入れて中火にかけ、煮立ったらふたをして弱めの中火で3〜4分煮る。❸鮭缶の身を粗くくずして加え、みそ大さじ2と½も溶き入れ、ひと煮立ちしたら火を止める。

腸活にいい
辛うま発酵みそ汁です

6分で
できる

小松菜とキムチのチーズみそ汁

材料（2〜3人分）と作り方

❶小松菜¾把（150g）は4cm長さに切る。白菜キムチ80gは食べやすい大きさに切る。❷鍋にだし汁3カップ、白菜キムチを入れて中火にかけ、煮立ったら小松菜の軸、葉の順に加えてふたをし、弱めの中火で2〜3分煮る。❸みそ大さじ2を溶き入れ、ひと煮立ちしたら火を止める。器に盛り、熱いうちに溶けるチーズ40gをのせる。

注ぐだけスープ

熱湯を注ぐだけで作れる即席スープ。かんたんなのにうまみとコクはしっかり味わえます。

3分でできる

3分でできる

3分でできる

POINT
うまみとコクがすぐ出る食材を使っているので、スープは熱々にして注いでください。

チャーハンの副菜に

わかめと長ねぎの中華スープ

材料（2人分）

カットわかめ（乾燥）… 3g
長ねぎ … 5cm
A｜しょうゆ … 小さじ1
　｜鶏ガラスープの素 … 小さじ2
　｜塩、こしょう、ごま油 … 各少々
　｜熱湯 … 2カップ

作り方

1 長ねぎは薄い小口切りにする。

2 器にカットわかめ、長ねぎを等分に入れ、Aを加えてよく混ぜる。

ツナのうまみが溶け出す

ツナとミニトマトのスープ

材料（2人分）

ツナ油漬け缶 … 小1缶(70g)
ミニトマト … 4個
A｜顆粒コンソメスープの素 … 小さじ2
　｜塩、こしょう … 各少々
　｜熱湯 … 2カップ

作り方

1 ツナ缶は缶汁をきる。ミニトマトは4等分に切る。

2 器に1を等分に入れ、Aを加えてよく混ぜる。

まるで料亭の味！

卵豆腐と青じその和風スープ

材料（2人分）

卵豆腐 … 1個(110g)
青じそ … 3〜4枚
A｜白だし … 大さじ1と½
　｜熱湯 … 2カップ

作り方

1 卵豆腐は1.5cm角に切る。青じそはせん切りにする。

2 器にAを等分に入れて混ぜ、1を加える。

ほどよい酸味が後を引く
飲んだ翌日にもぴったり

**3分で
できる**

梅干しと天かすのスープ

材料（2人分）と作り方

❶梅干し小2個は手でちぎる。長ねぎ5cmは薄い小口切りにする。❷器に❶、天かす大さじ2を等分に入れ、白だし小さじ4、熱湯2カップを等分に加えてよく混ぜる。

塩昆布のうまみを吸った
ふわふわのはんぺんが◎

**3分で
できる**

塩昆布とはんぺんのしょうがスープ

材料（2人分）と作り方

❶はんぺん½枚は1cm角に切る。❷器に❶、塩昆布6g、しょうが（すりおろし）½かけを等分に入れ、白だし大さじ1、熱湯2カップを等分に加えてよく混ぜる。

洋風ごはんの相棒に！
ベーコンはハムでもOK!

**3分で
できる**

豆とベーコンのカレースープ

材料（2人分）と作り方

❶スライスベーコン1枚は1cm幅に切る。❷器に❶、ミックスビーンズ80gを等分に入れ、顆粒コンソメスープの素小さじ2、カレー粉小さじ½、塩、こしょう各少々、熱湯2カップを等分に加えてよく混ぜる。

やさしい味わいで
食欲がないときに

**3分で
できる**

もずくの塩麹スープ

材料（2人分）と作り方

❶小ねぎ2本は1.5cm長さに切る。❷器に❶、もずく60g、いりごま（白）小さじ1を等分に入れ、塩麹大さじ1、しょうゆ小さじ1、熱湯2カップを等分に加えてよく混ぜる。

めんつゆで味つけ！
卵はくずしながら食べて

**3分で
できる**

温泉卵とかいわれ菜のスープ

材料（2人分）と作り方

❶かいわれ菜⅓パックは根元を切り落とし、長さを3等分に切る。❷器にめんつゆ（3倍濃縮）大さじ2、塩少々、熱湯2カップを等分に入れて混ぜ、❶、温泉卵2個を等分に加える。

手間なしだけど
オシャレ度MAX!

**3分で
できる**

生ハムとスプラウトの洋風スープ

材料（2人分）と作り方

❶生ハム3枚は4等分に切る。ブロッコリースプラウト10gは根元を切り落とし、長さを半分に切る。❷器に❶を等分に入れ、顆粒コンソメスープの素小さじ2、塩、こしょう各少々、熱湯2カップを等分に加えてよく混ぜる。

中途半端に余った
レタスが大活躍！

**3分で
できる**

レタスとかにかまの中華スープ

材料（2人分）と作り方

❶レタス2枚はせん切りにする。かに風味かまぼこ2本は粗くほぐす。❷器に❶を等分に入れ、鶏ガラスープの素小さじ2、オイスターソース小さじ1、塩、こしょう、ごま油各少々、熱湯2カップを等分に加えてよく混ぜる。

ナンプラーひとさじで
異国気分が味わえちゃう

**3分で
できる**

桜えびと豆苗のエスニックスープ

材料（2人分）と作り方

❶豆苗¼パックは根元を切り落とし、長さを3等分に切る。❷器に桜えび（乾燥）4g、❶を等分に入れ、ナンプラー大さじ1、鶏ガラスープの素小さじ1、塩、こしょう、ごま油各少々、熱湯2カップを等分に加えてよく混ぜる。

かんたんおやつ

特別な材料がなくても失敗なしで作れる、かんたんおやつをご紹介。
買うのもいいけど、手作りのおやつは最高の贅沢かも!

10分でできる

レンチンでできちゃった!
しっとり♡チョコケーキ

材料（15×15cm×高さ5cmの耐熱容器1台分）

板チョコレート … 4枚(200g)	卵 … 2個
無塩バター … 30g	薄力粉 … 大さじ2
	粉砂糖 … 適量

作り方

1 耐熱ボウルにチョコレートを細かく折って入れ、バターを入れる。ラップをかけずに電子レンジで1分30秒〜2分加熱し、余熱で溶かしながら混ぜる。

2 1に卵を1個ずつ割り入れ、そのつど泡立て器でよく混ぜる。薄力粉を加えてさらによく混ぜる。耐熱容器にクッキングシートを敷いて生地を流し入れ、底を10回ほど調理台に打ちつける。ふんわりとラップをかけて電子レンジで3分加熱する。粗熱がとれたら冷蔵庫で冷やす。

3 2を食べやすい大きさに切って器に盛り、粉砂糖をかける。

これもおいしい **ミニチョコバナナサンデー**

「しっとり♡チョコケーキ」を作り、半量を食べやすい大きさに切って器に盛る。バナナ½本は輪切りにし、バニラアイスクリーム適量と盛り合わせる。

皮がサクサク♪シナモン香る
春巻きの皮でアップルパイ

材料（6個分）

春巻きの皮 … 6枚	水溶き薄力粉
りんご … ½個	薄力粉 … 大さじ1
A りんごジャム … 100g	水 … 大さじ1
シナモンパウダー … 小さじ¼	サラダ油 … 適量

10分でできる

作り方

1 りんごはよく洗い、皮ごと5mm厚さのくし形切りにしてから細切りにする。Aと混ぜておく。

2 春巻きの皮はつるつるした面を下にして菱形に置き、1を6等分にして手前にのせる。左右を折りたたんできつく巻き、巻き終わりに水溶き薄力粉をつけて留める。全部で6個作る。

3 フライパンに冷たい油を1cmほど注ぎ、2を並べ入れる。弱めの中火で全体がきつね色になるまで6分ほど揚げ、油をよくきる。

口の中でふわりと溶ける

スコップレアチーズケーキ

材料 （13.5×13.5cm×高さ5cmのガラス製の保存容器1台分）

クリームチーズ … 200g
ココアクッキー … 9枚 (70g)
バター … 30g
砂糖 … 60g

プレーンヨーグルト … 50g
生クリーム … 200g
レモン汁 … 大さじ1

作り方

1 耐熱容器にバターを入れ、ラップをかけずに電子レンジで30秒加熱する。クッキーはポリ袋に入れてめん棒などでたたき、溶かしたバターを加えて混ぜ、生地を作る。保存容器にクッキー生地を敷き詰め、コップの底などで平らにならし、冷蔵庫で冷やす。

2 ボウルに室温にもどしたクリームチーズを入れ、ゴムべらで練り混ぜる。砂糖、ヨーグルトを加え、泡立て器ですり混ぜる。

3 別のボウルに生クリーム、レモン汁を入れ、九分立てになるくらいまで泡立てる。**2**に1/3量ずつ加えてよく混ぜる。**1**の容器に流し入れ、調理台の上で10回以上落として余分な空気を抜く。表面を平らにしてふんわりとラップをかけ、冷蔵庫で4時間以上冷やす。

15分でできる

※冷やす時間は除く

10分でできる

きなこの風味が香ばしい！

豆腐きなこドーナツ

材料 （6〜7個分）

木綿豆腐 … 小1丁 (100g)
ホットケーキミックス … 100g
牛乳 … 大さじ1
砂糖 … 大さじ2
きな粉 … 大さじ2
サラダ油 … 適量

作り方

1 ボウルに水きりしていない豆腐を入れる。泡立て器でよく混ぜてから牛乳、砂糖、ホットケーキミックス、きな粉の順に加え、そのつど混ぜる。

2 フライパンにサラダ油を深さ2cmほど注いで150〜160℃に熱し、**1**をスプーンなどで6〜7等分にして落とし入れ、ときどき返しながら5〜6分揚げ、油をよくきる。

保存袋に入れてもむだけ！

ヨーグルトアイス

材料 （作りやすい分量）

ギリシャヨーグルト（または水きりヨーグルト） … 400g
はちみつ … 大さじ2〜3

作り方

1 ジッパー付き保存袋にヨーグルト、はちみつを入れて袋の上からよくもみ混ぜる。

2 空気を抜くようにして袋の口を閉め、バットの上に平らにしておき、冷凍庫で2時間ほど冷やしかためる。一度取り出してなめらかになるまでもみ、さらに30分ほど冷凍庫で冷やす。

5分でできる

※冷やす時間は除く

これもおいしい　いちごのヨーグルトアイス

いちご150gはへたを取り、ジッパー付き保存袋に入れる。「ヨーグルトアイス」の材料を加え、同様に作る。

食材別さくいん

★印がついているレシピは、文字だけで材料と作り方をご紹介しています。

■肉類

●鶏肉

Profile

料理制作・構成・編集・文

倉橋利江（くらはし　としえ）

Toshie Kurahashi

レシピ作家・フードエディター。
料理上手な母の影響で、小学生の頃から台所に立って料理を覚える。レシピ本の編集者として出版社に勤務し、編集長として料理ムックの発行を多数手がけ、さらに大手出版社にて料理雑誌の編集に携わったのちフリー編集者に。独立後、これまでに100冊近くの料理書籍やムックを担当し、数々のヒット商品を送り出す。20年以上の編集経験から、料理家と読者の間をつなぐ存在でありたいと思い、仕事で学んだプロのコツと独自のアイデアを組み合わせた「手に入りやすい食材で、作りやすく、恋しくなるレシピ」を考案している。著書に料理レシピ本大賞【料理部門】第6回入賞の『作りおき＆帰って10分おかず336』、第8回入賞の『野菜はスープとみそ汁でとればいい』ほか、『ずっと使える！ぜんぶおいしい！万能な副菜』『今すぐ作れる！ずっと使える！万能おかず』『やせる！作りおき＆帰って10分おかず330』『作りおき＆朝7分お弁当312』『野菜の作りおき＆帰って10分おかず332』『冷凍でおいしくなる！かんたん作りおき　Premium』『かんたん！味つけの黄金比　ポン酢とマヨは1：1がいい』（いずれも新星出版社）などがある。

Staff

アートディレクション・デザイン　小椋由佳
撮影　松久幸太郎
スタイリング　宮澤由香
撮影調理協力　伊藤美枝子
調理アシスタント　岩本英子　深谷いづみ　髙柳涼子
執筆協力　宮下舞子
編集アシスタント　庄司みなみ（Gakken）
校正　聚珍社
DTP　宇田川由美子

あるもので！10分で！500品　決定版！

2024年11月5日　第1刷発行

著者　　　　倉橋利江
発行人　　　土屋　徹
編集人　　　滝口勝弘
企画編集　　田村貴子
発行所　　　株式会社Gakken
　　　　　　〒141-8416　東京都品川区西五反田2-11-8
印刷所　　　大日本印刷株式会社
DTP製作　　株式会社グレン

●**この本に関する各種お問い合わせ先**
本の内容については、下記サイトのお問い合わせフォームよりお願いします。
　https://www.corp-gakken.co.jp/contact/
在庫については　Tel 03-6431-1250（販売部）
不良品（落丁、乱丁）については　Tel 0570-000577
　学研業務センター　〒354-0045　埼玉県入間郡三芳町上富279-1
上記以外のお問い合わせは　Tel 0570-056-710（学研グループ総合案内）

学研グループの書籍・雑誌についての新刊情報・詳細情報は、下記をご覧ください。
学研出版サイト　https://hon.gakken.jp/